Energía

para niños y jóvenes

Energía

para niños y jóvenes

Actividades superdivertidas
para el aprendizaje de la ciencia

Janice VanCleave

VanCleave, Janice

Energía para niños y jóvenes : Actividades superdivertidas para el aprendizaje de la ciencia = Energy for every kids / Janice VanCleave. -- México : Limusa Wiley, 2011

xiv; 240p.: il.; 23 x 15.5 cm. -- (Biblioteca científica para niños y jóvenes)

ISBN: 978-607-05-0272-9

Rústica

1. Fuerza y energía -- Literatura juvenil 2. Recursos energéticos -- Literatura juvenil

I. Lerma Ortiz, Mayra, tr.

Dewey: 531.6 | 22 / V2227e   LC: QC73.4

Versión autorizada al español de la obra publicada originalmente en inglés por John Wiley & Sons con el título:
ENERGY FOR EVERY KIDS

© Janice VanCleave

© Ilustraciones: Laurel Aiello

Con la colaboración en la traducción de:
Mayra Lerma Ortíz

© 2011, EDITORIAL LIMUSA, S. A. de C. V.
GRUPO NORIEGA EDITORES
Balderas 95, México, D.F.
C. P. 06040
 (55) 51 30 07 00
01 (800) 706 91 00
 (55) 55 12 29 03
 limusa@noriegaeditores.com
www.noriega.com.mx

CANIEM Núm. 121

Primera Edición

Hecho en México

ISBN: 978-607-05-0272-9

Es un gusto dedicar este libro a un grupo de jóvenes científicos miembros de la agrupación Sonoran Desert Homeschoolers. El lema de este grupo es *hozho* (que en navajo significa "caminar en la armonía y la belleza"). Este grupo realizó las pruebas de campo necesarias para las actividades que se presentan en este libro, y sus aportaciones para hacer de este material algo sencillo y divertido fueron muy valiosas:

Karen, Bean y Cate Metcalf, y Kyla Ballard

Agradecimientos

Una nota especial de gratitud a los maestros que me apoyaron poniendo a prueba en sus clases las actividades presentadas en este libro y asimismo me facilitaron información. Deseo expresar mi agradecimiento a las siguientes personas: James H. Hunderfund, doctor en educación e inspector escolar; Pamela J. Travis-Moore, directora, y a James Engeldrum, director académico de ciencias del distrito escolar de Commack, Nueva York. Gracias a la aprobación y apoyo de estos supervisores, los siguientes estudiantes de la Commack Middle School, bajo la dirección de Diane M. Flynn y Ellen M. Vlachos, probaron las actividades en este libro y aportaron ideas para mejorarlas: Danny Abrams, Louis Arens, Scott Aronin, Jesse Badash, Rachel Bloom, Randi Bloom, Ryan William Brown, Christopher Caccamo, Tia Canonico, Jenna Cecchini, Jennifer Ciampi, Melissa Coates, Sarah Corey, Vincent Daigger, Alana Davicino, John Halloran, Saba Javadi, Jamie Keller, Kevin Kim, Matthew J. Kim, Joshua Krongelb, Arielle Lewen, Alexandra Lionetti, Taylor Macy, Taylor Manoussos, Ian Ross Marquit, David Murphy, Bryan D. Noonan, Stephanie Pennetti, Erica Portnoy, GemmaRose Ragozzine, Arpon Raksit, Ayden Rosenberg, Danielle Simone, Daniel E. Scholem, Hunter Smith, Allison Smithwick, Evan Sunshine, Marni Wasserman, Daniel Weissman, Chris Wenz, Christopher M. Zambito, Ashlyn Wiebalck, Aaron Wilson y Alice Zhou. También deseo agradecer a los siguientes niños por su ayuda y sus ideas: Rachel, Jared y Sara Cathey, así como Weston y Easton Walker.

Contenido

Acerca de las unidades de medida usadas en este libro

- Como podrás ver, en los experimentos científicos en este libro se emplean el Sistema Internacional de Unidades (sistema métrico) y el sistema inglés, pero es importante hacer notar que las medidas intercambiables que se dan son aproximadas, no los equivalentes exactos.

- Por ejemplo, cuando se pide un litro, éste se puede sustituir por un cuarto de galón, ya que la diferencia es muy pequeña y en nada afectará el resultado.

- Para evitar confusiones, a continuación tienes unas tablas con los equivalentes exactos y con las aproximaciones más frecuentes.

SISTEMA INGLÉS	SISTEMA INTERNACIONAL (MÉTRICO DECIMAL)	APROXIMACIONES MÁS FRECUENTES
Medidas de volumen (líquidos)		
1 galón	= 3.785 litros	4 litros
1 cuarto de galón (EE.UU.)	= 0.946 litros	1 litro
1 pinta (EE.UU.)	= 473 mililitros	1/2 litro
1 taza (8 onzas)	= 250 mililitros	1/4 litro
1 onza líquida (EE.UU.)	= 29.5 mililitros	30 mililitros
1 cucharada	= 15 mililitros	
1 cucharadita	= 5 mililitros	

(Continúa)

(Continuación)

SISTEMA INGLÉS	SISTEMA INTERNACIONAL (MÉTRICO DECIMAL)	APROXIMACIONES MÁS FRECUENTES
Unidades de masa (peso)		
1 libra (EE.UU.)	= 453.5 gramos	½ kilo
1 onza (EE.UU.)	= 28 gramos	30 g
Unidades de longitud (distancia)		
⅛ de pulgada	= 3.1 milímetros	3 mm
¼ de pulgada	= 6.3 milímetros	5 mm
½ de pulgada	= 12.7 milímetros	12.5 mm
¾ de pulgada	= 19.3 milímetros	20 mm
1 pulgada	= 2.54 centímetros	2.5 cm
1 pie	= 30.4 centímetros	30 cm
1 yarda (= 3 pies)	= 91.44 centímetros	1 m
1 milla	= 1609 metros	1.5 km
Temperatura		
32 °F (Fahrenheit)	0°C Celsius	Punto de congelación
212 °F	100 °C	Punto de ebullición

Abreviaturas

atmósfera = atm

milímetro = mm

centímetro = cm

metro = m

kilómetro = km

pulgada = pulg (in)

yarda = yd

pie = ft

taza = t

galón = gal

pinta = pt

cuarto de galón = qt

onza = oz

cucharada = C

cucharadita = c

litro = l

mililitro = ml

Introducción

Éste es un libro básico acerca de la energía, diseñado para enseñar hechos, conceptos y estrategias para resolver problemas. En cada sección se describen los conceptos de energía de tal manera que el aprendizaje es útil y a la vez divertido.

Energía es la capacidad de producir trabajo. Al movimiento de un objeto por una **fuerza** (acción de atracción o de repulsión sobre un objeto) se le llama **trabajo.** Por lo tanto, energía es la capacidad de provocar cambios en las cosas, y al proceso de modificarlas se le conoce como trabajo. A menos que se indique lo contrario, este libro parte del supuesto de que no hay pérdida de energía y que la cantidad total de energía que se transfiere a un objeto se convierte en trabajo. Existen diferentes tipos de energía, como el sonido, el calor, la electricidad y la luz.

Este libro no responde todas las preguntas sobre la energía, pero te puede servir como guía para encontrar las respuestas a preguntas relacionadas con este tema, como: ¿Por qué las llamas que se desprenden de algunos troncos en la chimenea son multicolores? ¿Por qué al rasgar las cuerdas de la guitarra cada una emite sonidos diferentes? ¿Por qué al revolver algo caliente con una cuchara metálica puedes sentir el calor, pero no sucede lo mismo con una cuchara de madera? ¿Por qué el chocolate caliente en un vaso de unicel conserva más el calor que en un vaso de papel?

Este libro te presenta información acerca de la energía de una manera fácil de comprender y usar. Está diseñado para enseñar los conceptos de energía de manera que puedan aplicarse en muchas situaciones similares. Los ejercicios, experimentos y demás actividades fueron seleccionados por su utilidad para explicar los conceptos de energía en términos básicos y sin complejidad. Uno de los objetivos principales de este libro es demostrar lo *divertido* que puede ser aprender cosas sobre la energía.

Cómo usar este libro

Lee detenidamente cada capítulo y sigue los procedimientos con cuidado. Aprenderás mejor si lees cada sección en orden, ya que la información es más avanzada a medida que vas progresando en el libro. El formato de cada sección es como sigue:

- **Lo que necesitas saber:** esta sección presenta información básica y la explicación de algunos términos propios del tema.

- **Ejercicios:** este apartado presenta preguntas para responder o problemas que debes resolver utilizando la información de la sección "Lo que necesitas saber".

- **Actividad:** esta sección es la más divertida pues te presenta una actividad práctica, un proyecto que te permite aplicar lo aprendido en una situación real de solución de problemas.

- **Soluciones a los ejercicios:** instrucciones paso por paso para resolver los Ejercicios.

Todos los términos en **negritas** se definen en el Glosario al final del libro. Asegúrate de consultar éste siempre que lo necesites y procura incorporar a tu vocabulario cotidiano cada término nuevo que aprendas.

Instrucciones generales para los Ejercicios

1. Estudia cada problema con detenimiento y léelo una o dos veces antes de responder.

2. Compara tus respuestas con las que se presentan en la sección "Soluciones a los ejercicios" para evaluar tu desempeño.

3. Repite la actividad si alguna de tus respuestas es incorrecta.

Instrucciones generales para las actividades

1. Lee cada actividad completa antes de comenzar.

2. Reúne los materiales necesarios. Las actividades serán más fáciles y divertidas si cuentas con todo lo necesario antes de comenzar. Cuando tienes que detenerte para buscar los materiales, pierdes el hilo de lo que estás haciendo.

3. No te apresures para terminar la actividad. Sigue cada paso con cuidado; nunca te saltes pasos, y no agregues pasos por tu cuenta. Tu seguridad es de suma importancia y si lees cada actividad antes de comenzar, y sigues las instrucciones con exactitud, puedes tener la confianza de que no obtendrás resultados inesperados.

4. Pon atención. Si tus resultados no son iguales a los que se describen en la actividad, vuelve a leer las instrucciones con cuidado y comienza desde el paso número 1.

1
Energía para moverse
Energía y trabajo

Lo que necesitas saber

Energía es la capacidad de hacer que las cosas cambien, y al proceso de hacerlas cambiar se le conoce como trabajo. El **trabajo** (w) se ejecuta cuando una **fuerza** (f) (una acción de atracción o de repulsión que actúa sobre un objeto) hace que un objeto se mueva, lo que también es un proceso de transferencia de energía. En consecuencia, **energía** es la capacidad de realizar trabajo.

La cantidad de trabajo realizado puede determinarse multiplicando la fuerza (f) por la distancia (d) a lo largo de la cual se aplica la fuerza. La ecuación de trabajo es:

Trabajo = fuerza × distancia

$w = f \times d$

En el Sistema Internacional de Unidades, el **newton (N)** es una unidad de fuerza y significa la fuerza necesaria para acelerar un cuerpo de un kilogramo de masa un metro por segundo, el **metro (m)** es una unidad de distancia. La unidad de trabajo en newtons por metro en este sistema de medidas es el **joule (J)**. En el sistema de unidades inglés, la **libra** es una unidad de fuerza y el **pie** es una unidad de distancia. Por lo tanto, la unidad común de trabajo en este sistema de medidas es **libras por pie (ft-lb),** que corresponden al trabajo realizado para levantar una libra una distancia de un pie. Un joule equivale a 0.74 ft-lb aproximadamente.

Dado que la energía y el trabajo están relacionados entre sí, si no hay pérdida de energía, una cantidad determinada de ésta puede llevar a cabo una cantidad de trabajo igual. Así pues, el trabajo que se efectúa para levantar un objeto es igual a la energía que se le aplica a éste. Si deseas levantarlo, debes usar una fuerza igual al peso de dicho objeto. Por ejemplo, para levantar un perro de 45 N (10 lb) y colocarlo en una mesa de 0.9 m (3 pies) de altura, debes aplicar una fuerza igual al peso del perro al subirlo 0.9 m (3 pies). El trabajo que se efectúa al subir al perro es el siguiente:

Sistema Internacional

$w = f \times d$

$w = 45\ \text{N} \times 0.9\ \text{m}$

$= 40.5\ \text{Nm}$

$= 40.5\ \text{J}$

Sistema inglés

$w = f \times d$

$w = 10\ \text{lb} \times 3\ \text{ft}$

$= 30\ \text{ft-lb}$

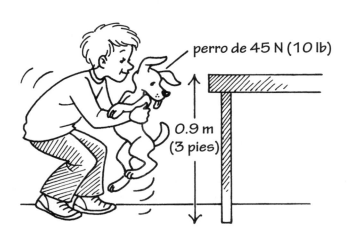

perro de 45 N (10 lb)

0.9 m (3 pies)

El trabajo que se realiza al levantar el perro es de 30 libras-pie, que equivale a 40.5 joules de **energía cinética (EC)** (la energía de los objetos en movimiento). La energía de los objetos levantados por encima de una superficie se llama **energía potencial** (la energía almacenada de un objeto debido a su posición o condición). En consecuencia, mientras se encuentra sentado sobre la mesa, el perro posee 40.5 J (30 ft-lb) más de energía que cuando se encontraba sentado en el suelo.

Supongamos que en lugar de levantar al perro, lo colocas sobre una cobija que arrastras 0.9 m (3 pies) sobre el piso. El peso del animal no cambia, pero no tienes que aplicar tanta fuerza para moverlo 0.9 m (3 pies) como para elevarlo la misma cantidad de distancia. Esto se debe a que cuando subes al perro, tienes que superar la fuerza de atracción de la **gravedad** (la atracción que existe entre dos cuerpos cualquiera). La gravedad de la Tierra atrae a los objetos cercanos o sobre la superficie del planeta hacia su centro.

El **peso** es la medida de la fuerza de gravedad sobre un objeto. Cuando el perro está sentado en el piso, el peso de éste es la fuerza que empuja a la cobija contra el suelo. Para deslizar al perro por el piso, es necesario superar la fricción entre la cobija y el suelo. La **fricción** es la fuerza que resiste el movimiento de los objetos cuyas superficies están en contacto. La cantidad de fricción entre dos superficies depende de la fuerza que las empuja una contra otra y también de la rugosidad de éstas. Dado que el piso es horizontal, el peso del perro es igual a la fuerza que empuja la cobija contra el suelo. Si la cobija y el piso son lisos, la fuerza de fricción es menor que el peso del animal. De modo que la fuerza necesaria para arrastrar al perro por el piso podría ser de sólo 11.25 N (2.5 lb). Por lo tanto, el trabajo efectuado al deslizar al perro por el suelo liso sería:

$$w = f \times d$$
$$= 11.25 \text{ N } (2.5 \text{ lb}) \times 0.9 \text{ m } (3 \text{ ft})$$
$$= 10.13 \text{ J } (7.5 \text{ ft-lb})$$

Igual que en el caso anterior, el trabajo que se realiza sobre el perro es igual a la energía aplicada sobre éste. Sin embargo, dado que el perro no se levantó, la energía aplicada no es energía potencial, sino energía cinética. Véanse los capítulos 3, 4 y 5 para conocer más acerca de la energía potencial y la energía cinética.

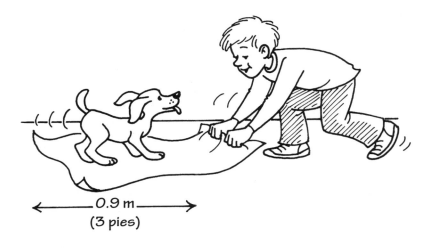

0.9 m
(3 pies)

Ejercicios

1. ¿Cuántas libras-pie de trabajo se requieren para levantar unas pesas de barra de 200 libras por una altura de 5 pies?

5 pies

2. ¿Cuántos joules de trabajo se requieren si se necesitan 45 N de fuerza para arrastrar un trineo 10 m cuesta arriba?

Actividad: CUESTA ARRIBA

Objetivo   Comparar el trabajo que se requiere para mover un objeto empleando diferentes métodos.

Materiales   tijeras
liga de hule
clip sujetapapeles
perforadora de papel
cartón corrugado de 10×25 cm (4×10 pulgadas)
regla
pluma
4 cucharadas (60 ml) de tierra (también puedes usar arena o sal)
lata de refresco vacía con arillo metálico para abrirla
60 cm (24 pulgadas) de cordel
4 o más libros

Procedimiento

1. Corta la liga para tener un pedazo largo.

2. Amarra un extremo de ésta al clip y abre un extremo del clip para formar un gancho.

3. Usa la perforadora para hacer un hoyo al centro y cerca del borde del cartón corrugado.

4. Amarra el extremo libre de la liga al hoyo en el cartón. La parte superior del clip debe coincidir con el centro del cartón.

5. Usa la regla y la pluma para trazar una línea en el cartón que esté a la altura del clip. Marca la línea como "0".

6. Después traza todas las líneas que puedas por abajo de la marca "0", espaciándolas 1 cm. Acabas de crear una báscula.

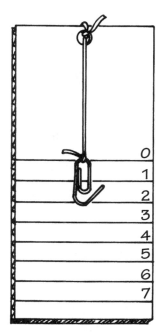

7. Vacía la tierra en la lata de refresco.

8. Ensarta el cordel por el arillo de la lata. Amarra los extremos del cordel para formar un asa.

9. Ensarta el asa de cordel en el gancho de la báscula.

10. Apila todos los libros excepto uno. Recarga el libro que sobra contra los apilados para formar una rampa, como se muestra en la ilustración.

11. Coloca la lata junto a la pila de libros, luego levántala directo hacia arriba, jalando la parte superior del cartón hasta que la base de la lata esté a la altura de la parte superior de la pila de libros. Anota cuál es la línea de la báscula más cercana a la parte superior del clip.

12. Ahora, recarga la lata sobre el libro que forma la rampa. Con la báscula aún unida al cordel, arrastra la lata hasta llegar a la parte superior de la rampa. Anota de nuevo cuál es la línea de la báscula más cercana a la parte superior del clip.

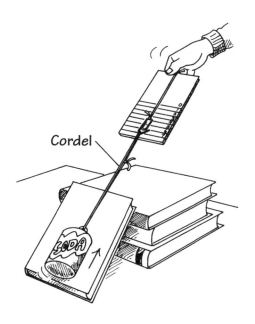

Cordel

Resultados La liga de hule se estira más cuando la lata es levantada directo hacia arriba que cuando es arrastrada sobre la rampa, de manera que la marca en la báscula al jalar la lata directo hacia arriba es mayor que al tirar de ella sobre la rampa.

¿Por qué?   La gravedad ejerce una fuerza de atracción hacia abajo sobre la lata. Cuando levantas la lata directo hacia arriba, la báscula con la liga de hule indica la fuerza de atracción total de la gravedad, que es el peso de la lata. El trabajo efectuado al levantar la lata a la altura de la pila de libros es el producto de su peso por la altura de la pila de libros.

Una **rampa** es un plano inclinado que une dos superficies y que sirve para subir o bajar cargas, disminuyendo los esfuerzos. Una rampa es considerada una **máquina** porque es un aparato capaz de efectuar trabajo. Cuando se usa una máquina, por lo general se requiere un menor esfuerzo. Por ejemplo, al subir la lata por la rampa la liga se estira menos, lo que indica que la fuerza necesaria para subirla es menor que la que se requiere para levantarla en posición vertical. Se necesita menos esfuerzo para arrastrar y subir la lata por la rampa, pero ésta puede avanzar una distancia mayor. Aunque se necesita menos esfuerzo para subir un objeto por una rampa, el trabajo total es mayor que el efectuado al levantar la lata debido a la fricción entre la lata y la rampa. El esfuerzo invertido para subir la lata por la rampa depende de la fricción entre la lata y la rampa. Una rampa lisa necesita menos trabajo que una rampa de superficie irregular.

Soluciones a los ejercicios

1. *¡Piensa!*

- Trabajo es el producto de la fuerza necesaria para mover un objeto multiplicada por la distancia que recorre el objeto. La ecuación es $w = f \times d$.

- La unidad de trabajo en el sistema inglés es libras por pie (ft-lb) si la fuerza se mide en libras y la distancia en pies.

- La fuerza necesaria para levantar un objeto es igual a su peso. Por lo tanto, el trabajo realizado al levantar las pesas de barra es $w = 200$ lb $\times 5$ pies.

El trabajo realizado para levantar las pesas es 1000 ft-lb.

2. ¡Piensa!

- La unidad de trabajo en el Sistema Internacional de Unidades es el joule (J) si la fuerza se mide en newtons (N) y la distancia en metros (m).

- $w = f \times d$

- $w = 45 \text{ N} \times 10 \text{ m}$

El trabajo realizado para mover el trineo es de 450 J.

2

Nada se pierde

Ley de conservación de la masa y la energía

Lo que necesitas saber

El **universo** (la Tierra y todos los cuerpos naturales del espacio considerados como un todo) está formado por materia. La **materia** es cualquier cosa que ocupe espacio y posea **masa** (la cantidad de sustancia en un objeto). El **gramo (g)** es la unidad básica del sistema métrico para medir la masa. En la Tierra, la materia existe en tres formas o estados físicos: sólido, líquido y gas. El peso de los objetos puede emplearse para comparar su masa. A mayor peso, mayor masa.

Los **átomos** son las partículas indivisibles más pequeñas que constituyen la materia. Las sustancias químicas básicas que están compuestas por una misma clase de átomos se denominan **elementos.** Los átomos se mantienen unidos por una fuerza de atracción llamada **enlace.** Las sustancias constituidas por dos o más átomos diferentes unidos por enlaces se llaman **compuestos.** Existen dos clases de compuestos: iónicos y moleculares. Los **compuestos iónicos,** como el cloruro de sodio (sal de mesa), están constituidos por paquetes de **iones** (un átomo o un grupo de átomos con carga eléctrica). Los **compuestos moleculares,** como el agua, están formados por moléculas. La **molécula** es la partícula más pequeña de un compuesto molecular que conserva las propiedades de éste.

En el siglo XVIII, el químico francés Antoine Lavoisier (1743-1794) fue el primero en descubrir que durante una **reacción química** (el proceso por el que los átomos de las sustancias se reacomodan para formar una o más sustancias químicas nuevas) la materia no se crea ni se destruye. En otras palabras, todos los átomos que integran las sustancias de los **reactivos** (la sustancia inicial en una reacción química) se reacomodan de manera que forman **productos** (las sustancias nuevas obtenidas en la reacción).

Dado que la cantidad total de masa en una reacción química se **conserva** (permanece constante), la masa de los reactivos es igual a la masa de los productos. Esta relación es lo que se conoce como **ley de conservación de la masa.** Las sustancias químicas contienen **energía química,** que es la energía contenida en los enlaces que mantienen unidos a los átomos. La energía química es una forma de energía potencial llamada **energía potencial química,** la cual se libera cuando se rompen los enlaces entre los átomos durante una reacción química.

El científico alemán Julius Robert von Mayer (1814-1878) describió por primera vez la **ley de conservación de la energía** en el siglo XIX. Esta ley establece que en condiciones ordinarias, la energía puede cambiar de una forma a otra, pero la suma total de toda la energía en el universo permanece constante. En otras palabras, al igual que la materia, la energía no se crea ni se destruye, sólo se **transforma** (cambia de una forma a otra). Por ejemplo, si empujas una caja sobre el piso, la energía proveniente de los alimentos que consumes se transfiere a la caja.

Los átomos están constituidos por un **núcleo** (el centro del átomo) que contiene **protones** (partículas con carga positiva) y **neutrones** (partículas sin carga), y los **electrones** (partículas con carga negativa), que se encuentran en el exterior del núcleo. En 1905, Albert Einstein estableció que en ciertas condiciones extraordinarias la masa podía convertirse en energía y la energía en masa. Estas condiciones especiales se denominan **reacciones nucleares** (cambios en el núcleo de los átomos). Para incluir las condiciones extraordinarias, las leyes de la conservación de la masa y la energía pueden combinarse en la **ley de conservación de la masa y la energía.** Esta ley establece que, aunque la materia y la energía son intercambiables, no se crean ni se destruyen. Por lo tanto, la suma de toda la masa y la energía del universo es constante. La disminución en una de ellas causa el aumento en la otra.

En la vida cotidiana se aplican las leyes de conservación de la masa y la energía por separado. Entonces, cuando se habla de la pérdida o el aumento de energía, debe entenderse como una transformación de un tipo de energía en otro, pero cuando se habla de manera específica de cambios nucleares, como la división del núcleo, se produce una transformación de materia en energía y viceversa. Véase el capítulo 21 para saber más sobre cambios nucleares.

Ejercicios

Utiliza las figuras A y B para responder las siguientes preguntas:

1. ¿Cuál figura, A o B, representa la ley de conservación de la masa?

2. ¿Cuál figura, A o B, es un cambio nuclear que representa la ley de conservación de la masa y la energía?

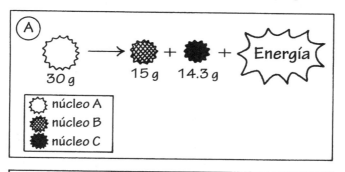

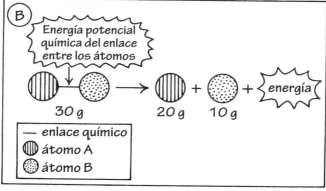

Actividad: PERMANECE IGUAL

Objetivo   Demostrar la conservación de la masa durante una reacción química.

Materiales   2 vasos de papel de 90 ml (3 oz)
cucharas medidoras
agua
1 cucharadita (5 ml) de sales de Epsom
    (sulfato de magnesio)
cuchara
pegamento blanco líquido
báscula para alimentos
toalla de papel

Procedimiento

1. En uno de los vasos de papel, añade 2 cucharaditas (10 ml) de agua y las sales de Epsom. Mueve la mezcla hasta que se disuelvan las sales en el fondo del vaso.

2. Agrega una cucharadita (5 ml) de pegamento en el segundo vaso.

3. Coloca los dos vasos en la báscula. Observa la apariencia del contenido de cada vaso y su peso combinado.

4. Vacía la mezcla de sales y agua en el vaso con pegamento. Mezcla el contenido de éste. Observa la apariencia de la mezcla en el vaso.

5. Regresa los dos vasos, el vacío y el que contiene la mezcla, a la báscula y vuelve a anotar su peso combinado y compáralo con el peso combinado de los vasos antes de que mezclaras sus contenidos.

6. Una vez que compares los pesos, saca la masa blanca y sólida que se formó en el vaso y colócala sobre la toalla de papel. Dobla la toalla alrededor de ésta y apriétala para

extraer el líquido sobrante. ¿Cuál es la diferencia entre la masa resultante y los reactivos a partir de los cuales se formó?

Resultados Al principio, uno de los vasos contiene un líquido claro constituido por sales de Epsom y agua, y el otro contiene pegamento blanco líquido. Después de mezclar, se forma una masa sólida blanca de material con un poco de líquido residual. El peso de los vasos y su contenido es el mismo antes y después de mezclar.

¿Por qué? La mezcla de sales de Epsom y agua forma una **solución** (la mezcla de una sustancia disuelta en otra líquida). El pegamento líquido también es una solución que contiene diferentes compuestos disueltos en agua. Cuando se combinan las dos soluciones, ocurre una reacción química entre los materiales, como lo indica la formación de un compuesto sólido blanco. Aunque los reactivos se separan y recombinan de maneras diferentes, todas las partes originales están contenidas en el vaso. En consecuencia, cuando pesas los vasos por segunda vez, su peso no ha cambiado, lo cual indica que no hay cambios en la masa. De este modo, se demuestra la conservación de la masa durante una reacción química.

Soluciones a los ejercicios

1. ¡Piensa!

- La ley de conservación de la masa establece que la materia no se crea ni se destruye durante una reacción química.

- Durante una reacción química, la masa de los reactivos es igual a la masa de los productos.

- ¿Qué figura representa una reacción química y, por lo tanto, es una representación de la ley de conservación de la masa?

- En el diagrama se rompe el enlace entre los átomos. En consecuencia, la energía liberada viene de la energía potencial química almacenada en el enlace.

La figura B representa la ley de conservación de la masa.

2. ¡Piensa!

- La ley de conservación de la masa y la energía establece que durante una reacción nuclear, la suma de la masa y la energía es constante.

- Durante una reacción nuclear, la masa original de los reactivos puede ser mayor que la masa de los productos. La masa perdida se convierte en una enorme cantidad de energía.

- ¿Qué figura representa una reacción nuclear en la cual hay una pérdida de masa y se produce una gran cantidad de energía y, por lo tanto, ilustra la ley de conservación de la masa y la energía?

La figura A representa la ley de conservación de la masa y la energía.

3
Formas básicas de energía

Energía potencial y energía cinética

Lo que necesitas saber

Los objetos poseen dos clases fundamentales de energía: una tiene que ver con la posición o condición del objeto, también llamada energía almacenada o energía potencial (EP) y la otra es energía de movimiento, que se conoce como energía cinética (EC).

Un objeto puede tener energía potencial debido a su posición dentro de un **campo de fuerza,** que es una región que ejerce una fuerza de **atracción** o de **repulsión** sobre éste. Por ejemplo, el **campo de fuerza gravitacional** alrededor de la Tierra es una región que atrae los objetos hacia nuestro planeta. La energía potencial aumenta cuando se separan los objetos que se atraen entre sí. Por ejemplo, la **energía potencial gravitacional (EPG)** de un libro aumenta si lo levantas por arriba del suelo en contra de la fuerza de atracción de la gravedad. La energía potencial aumenta cuando los objetos que experimentan una fuerza de repulsión entre sí se aproximan, como cuando se comprime un resorte.

La energía cinética es la energía que posee un objeto debido a su movimiento. Los autos en movimiento, las hojas que caen y las partículas de un objeto que se mueven debido al calentamiento son ejemplos de objetos que poseen energía cinética.

La energía no se crea ni se destruye, como lo señala la ley de conservación de la energía, sino que se transforma de una forma a otra. Por ejemplo, si te encuentras parado en la plataforma de

clavados, has acumulado energía potencial debido al trabajo
efectuado al subir la escalera contra la fuerza de gravedad. De
pie sobre la plataforma, tienes una energía potencial máxima
debido a tu posición, y tienes una energía cinética cero porque
estás inmóvil. Cuando te lanzas desde ahí, la energía potencial
se convierte en cinética. Cuando te aproximas al agua, tu energía
potencial disminuye y la cinética aumenta. Al caer, ganas
velocidad y tu energía cinética aumenta.

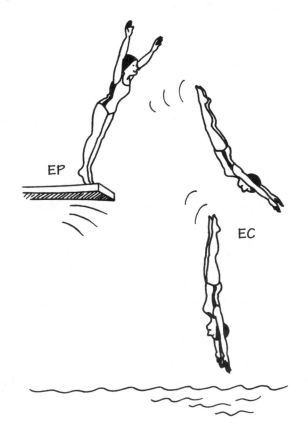

Ejercicios

1. Estudia la figura y determina lo siguiente:

    a. ¿Qué posición, A, B o C, representa el trineo con la
    mayor energía potencial?

b. ¿Qué posición, A, B o C, representa el trineo con la mayor energía cinética?

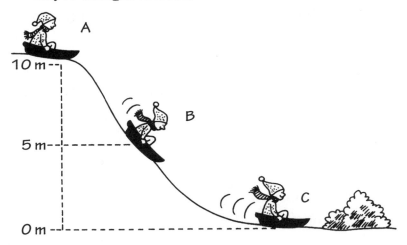

2. Estudia las dos figuras siguientes y determina en cuál se ilustra la aplicación de trabajo sobre un objeto que produce un incremento en la energía potencial.

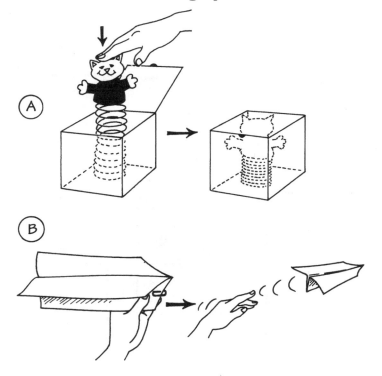

Actividad: RANA SALTARINA

Objetivo Demostrar la relación entre energía potencial y energía cinética.

Materiales hoja de papel de 20×20 cm (8×8 pulgadas)
(usa papel de color verde si es posible)
regla
lápiz

Procedimiento

1. Dobla el papel a la mitad de lado a lado dos veces.

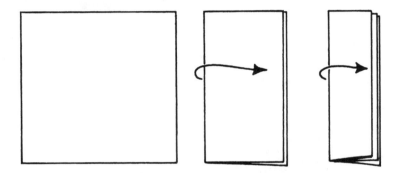

2. Deshaz uno de los dobleces.

3. Dobla las esquinas superiores A y B como se indica.

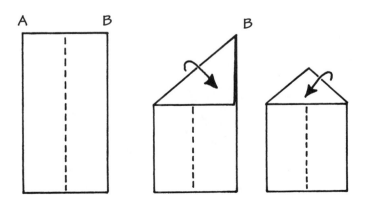

4. Desdobla las esquinas. Usa la regla y el lápiz para dibujar las líneas cruzadas C y D en el papel.

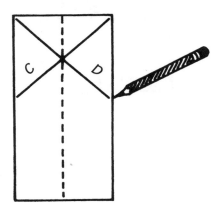

5. Dobla el papel a lo largo de la línea C. Luego desdobla el papel. Repite el paso anterior doblando y desdoblando a lo largo de la línea D.

6. Mete los lados de la punta del papel a lo largo de las líneas dobladas. Alisa la parte de encima hacia abajo para formar un triángulo.

 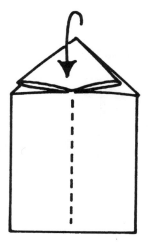

7. Dobla la parte inferior del papel hacia arriba haciendo que el borde coincida con la orilla del triángulo en la parte superior.

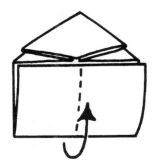

8. Dobla una de las puntas del triángulo a lo largo de la línea del doblez. Luego dobla un lado del papel hacia arriba para que coincida con la línea del doblez central.

9. Repite el paso 8 con la otra punta del triángulo.

10. Dobla el borde de abajo hacia adentro, luego dobla una parte hacia abajo como se muestra. Acabas de hacer una rana saltarina.

11. Con el lápiz, dibuja los ojos de la rana.

12. Coloca la rana sobre una mesa y presiona la parte posterior con tu dedo de manera que comprimas la parte de atrás. Después, desliza tu dedo con rapidez sobre el dorso de la rana y suéltala.

Resultados La rana saltará hacia adelante y posiblemente dé un salto mortal.

¿Por qué? Cuando presionas la rana, estás efectuando trabajo sobre ella, haciendo que sus patas dobladas se compriman de manera semejante a como sucede con un resorte. En estas condiciones, la rana posee energía potencial. Al deslizar tu dedo hacia abajo por el dorso de la rana y soltar el extremo del doblez, este extremo está más comprimido y la cabeza de la rana se levanta. Al soltar el juguete, la energía potencial se convierte en energía cinética en el momento que salta la rana.

Soluciones a los ejercicios

1a. ¡Piensa!

- Los objetos elevados a cierta altura poseen energía potencial, a la que también se le conoce como energía potencial gravitacional.

- Entre más elevado se encuentre el objeto respecto a un punto de referencia (el pie de una colina), mayor será la energía potencial. El trineo se encuentra en su punto más alto en la posición A del ejemplo.

La posición A representa el trineo con la mayor energía potencial.

b.   **¡Piensa!**

- Los objetos en movimiento poseen energía cinética.

- El trineo en las posiciones B y C está en movimiento.

- En la posición B, el trineo ha descendido la mitad de la colina, de manera que parte de su energía potencial se transformó en energía cinética.

- En la posición C, el trineo se encuentra al pie de la colina, de modo que su energía potencial es cero y ha alcanzado su energía cinética máxima.

La posición C representa el trineo con la mayor energía cinética.

2.   **¡Piensa!**

- Cuando la fuerza aplicada sobre un objeto hace que éste se mueva, se realiza un trabajo.

- Cuando se empuja el muñeco dentro de la caja de sorpresas en la figura A, el resorte se comprime. Los resortes comprimidos poseen energía potencial.

- En la figura B se lanza el avión de papel. Los objetos en movimiento poseen energía cinética.

La figura A representa el trabajo efectuado sobre un objeto, lo que produce un aumento de energía potencial.

4

Bien guardada

Energía potencial

Lo que necesitas saber

La energía potencial es la energía almacenada en un objeto debido a su posición o condición. La cantidad de trabajo efectuado sobre un objeto es igual a la cantidad de energía transferida a ese objeto. Si esta energía se almacena, entonces el objeto posee energía potencial. Esta energía almacenada tiene la capacidad de efectuar un trabajo cuando es liberada. Por ejemplo, una liga estirada adquiere energía potencial cuando la persona que la estira efectúa trabajo sobre ella. La liga estirada no se mueve; carece de energía cinética, pero tiene el potencial para moverse. Si la liga estirada es parte de una resortera y la sueltas, regresa a su condición natural sin estirar, y su energía potencial se transforma en energía cinética. Esta energía es transferida a la piedra de la resortera, la cual adquiere energía cinética y es lanzada hacia adelante. La liga estirada posee **energía potencial elástica,** que es la energía que poseen los materiales que se encuentran estirados o torcidos.

Otra forma de energía potencial es la energía potencial gravitacional (EPG), que depende de la posición de un objeto dentro del campo de gravedad de la Tierra. La altura y el peso de un objeto determinan su energía potencial gravitacional. Este tipo de energía potencial en un objeto aumenta a medida que se incrementa la altura de éste con respecto a un punto de referencia. Por ejemplo, la energía potencial gravitacional de una cubeta con ladrillos que está levantada sobre el piso es igual al trabajo efectuado para levantar los ladrillos. Trabajo es el producto de la fuerza necesaria para levantar la cubeta con ladrillos multiplicada por la altura a la que éstos se levantan. Esta fuerza es igual al peso de la cubeta con ladrillos. La relación entre la energía potencial gravitacional, el peso, que es la fuerza debida a la gravedad (f_{peso}) y la altura (h), puede expresarse por medio de la siguiente ecuación:

$$\text{EPG} = f_{peso} \times h$$

Conforme se añaden más ladrillos a la cubeta, el peso de ésta aumenta, y lo mismo sucede con la EPG de la cubeta levantada. De este modo, si la cubeta con muchos ladrillos cae al suelo, efectuará más trabajo sobre el piso (lo que significa que éste recibe energía cuando la cubeta lo golpea) que si contiene pocos ladrillos. Entre más alto esté el objeto con respecto a la superficie,

mayor será su EPG en relación con dicha superficie. Entonces, una cubeta que cae de mayor altura efectuará más trabajo sobre el suelo que otra del mismo peso que caiga de menor altura. Observa que el trabajo efectuado cuando la cubeta golpea el piso es igual a la energía potencial gravitacional de ésta en su punto más alto con respecto al suelo si no se considera la fricción de la cubeta con el aire. El **aire** es la mezcla de gases que constituyen la **atmósfera** de la Tierra (la capa de gases que rodea al planeta).

La energía química es una forma de energía potencial, también llamada energía potencial química. Esta forma de energía es la que encontramos en los enlaces (fuerzas) que mantienen unidos a los átomos. Cuando los enlaces se rompen, la energía química se convierte en otras formas de energía, como calor. Por ejemplo, cuando se quema un combustible o se ingiere un alimento, los enlaces que mantienen unidos a los átomos de estos materiales se rompen y la energía química se transforma en otras formas de energía. Dos formas de energía potencial que se deben a las fuerzas de atracción o repulsión entre los objetos son la nuclear y la magnética. El núcleo (el centro de un átomo) es donde se almacena la que se conoce como **energía potencial nuclear,** que se debe a las fuerzas entre las partículas del núcleo. Cuando se divide el núcleo, se libera una gran cantidad de energía nuclear. Algunos objetos poseen **energía potencial magnética** por lo que cuando se les acerca a un imán, éste los atrae o los repele. (Para saber más acerca de la energía potencial magnética o nuclear véase los capítulos 19 y 21.)

Ejercicios

1. Un objeto de 180 N (40 lb) se encuentra 1.8 m (6 ft) por encima del piso.

   a. ¿Cuál es la energía potencial gravitacional del objeto?

   b. Si no se considera la fricción, ¿cuánto trabajo puede efectuar el objeto sobre el piso cuando cae?

2. Señala cuál figura, A, B o C, representa lo siguiente:

   a. Energía potencial química.

   b. Energía potencial gravitacional.

3. ¿Qué tipo de energía potencial representa una liga estirada?

Actividad: MÁS ALTO

Objetivo Determinar el efecto que tiene la altura sobre la energía potencial gravitacional de un objeto.

Materiales 2 tazas (500 ml) de arroz seco
calcetín
báscula de baño

Procedimiento

1. Vacía el arroz en el calcetín y hazle un nudo.

2. Coloca la báscula en el piso.

3. Sostén el calcetín justo sobre la báscula.

4. Deja caer el calcetín sobre la báscula y anota hasta qué marca se mueve la aguja.

5. Repite el paso 4, sosteniendo el calcetín sobre la báscula a la altura de tu cintura.

Resultados   La aguja de la báscula se mueve más lejos cuando se deja caer el calcetín desde una posición más alta.

¿Por qué?   La energía potencial gravitacional de un objeto es igual al trabajo efectuado para levantar dicho objeto, y suponiendo que durante la caída no hay fricción con el aire, la energía potencial gravitacional es igual al trabajo efectuado por el objeto cuando cae desde su posición elevada. El trabajo efectuado para levantar el calcetín es igual a la fuerza del peso del calcetín multiplicada por su altura sobre la báscula.

A medida que aumenta la altura, más trabajo se realiza para levantar el calcetín, por lo que se incrementa su energía potencial gravitacional. El movimiento de la aguja de la báscula demuestra lo anterior. La aguja se mueve más cuando el calcetín golpea la báscula al caer desde una mayor altura, pues se efectúa más trabajo sobre ella con este calcetín que con el que se deja caer desde menor altura.

Soluciones a los ejercicios

1a. ¡Piensa!

- El peso del objeto es 180 N (40 lb).

- La altura del objeto elevado es 1.8 m (6 ft).

- La ecuación para determinar la energía potencial gravitacional es:

$$\text{EPG} = f_{\text{peso}} \times h$$
$$= 180 \text{ N} \times 1.8 \text{ m} \ (40 \text{ lb} \times 6 \text{ ft})$$
$$= 324 \text{ joules} \ (240 \text{ ft-lb})$$

La energía potencial gravitacional del objeto es 324 joules (240 ft-lb).

b. ¡Piensa!

- Si no se toma en cuenta la fricción, la energía potencial gravitacional de un objeto es igual al trabajo que éste puede efectuar.

- La energía potencial gravitacional del objeto es 324 joules (240 ft-lb).

El trabajo que el objeto puede efectuar cuando cae es de 324 joules (240 ft-lb).

2a. ¡Piensa!

- La energía potencial química es la energía almacenada en los enlaces que mantienen unidos a los átomos.

- Los alimentos contienen energía química que es liberada cuando los comemos.

- El combustible contiene energía química que es liberada cuando éste se quema.

Las figuras A y C representan energía potencial química.

b. ¡Piensa!

- La energía potencial gravitacional es la que posee un objeto elevado por encima de una superficie.

- ¿En qué figura aparece un objeto elevado por encima de una superficie? La bolsa está por encima del suelo en la figura B.

La figura B representa la energía potencial gravitacional.

3. ¡Piensa!

- La energía potencial elástica es la energía que almacena un objeto estirado o torcido.

La liga de hule estirada representa energía potencial elástica.

5

En acción

Energía cinética

Lo que necesitas saber

La energía que posee un objeto debido a su movimiento se llama energía cinética. Un objeto en movimiento puede realizar trabajo sobre otro al chocar con él y desplazarlo. Por ejemplo, cuando una roca cae realiza trabajo al golpear el suelo y abollarlo. Así pues, los objetos poseen energía cinética porque están en movimiento.

Si una pelota que se mueve muy despacio golpea el vidrio de una ventana, es posible que el trabajo efectuado sobre éste no sea suficiente para romperlo, pero si esa misma pelota golpea el vidrio a mayor velocidad, es muy probable que el trabajo que efectúe sea suficiente para que el vidrio se rompa. Entre más rápido se mueve un objeto, mayor es su energía cinética y mayor es el trabajo efectuado sobre cualquier otro objeto que golpee.

La cantidad de energía cinética de un objeto depende de su **velocidad** (su rapidez en una dirección en particular), pero no todos los objetos que se mueven a la misma velocidad tienen la misma energía cinética. Por ejemplo, piensa en el efecto que tendría una canica al rodar contra los pinos de boliche. Compara esto con el golpe que le daría al pino una bola de boliche que rodara a la misma velocidad que la canica. El efecto de la bola de boliche es mucho más notorio que el de la canica, de manera que la bola posee mayor energía cinética. Esto se debe a que la masa (cantidad de materia en una sustancia) de la bola es mayor. Entonces, la cantidad de energía cinética depende de la masa de un objeto además de su velocidad.

La relación entre energía cinética (EC), masa (*m*) y velocidad (*v*) puede expresarse por medio de la siguiente ecuación:

$$\text{EC} = \tfrac{1}{2}\,mv^2$$

De acuerdo con la ecuación, un aumento en la masa o en la velocidad de un objeto incrementa su energía cinética. Pero como la velocidad en la ecuación está elevada **al cuadrado** (se multiplica por sí misma), tiene un mayor efecto sobre la energía cinética. La unidad convencional para la energía en el Sistema Internacional de Unidades es el joule (J) si la masa se mide en kilogramos (kg) y la velocidad en metros por segundo (m/s). Por ejemplo, un objeto con una masa de 1 kg y velocidad de 2 m/s posee una energía cinética de 2 J.

$$\text{EC} = \tfrac{1}{2}\,mv^2$$
$$= \tfrac{1}{2}\,(1\text{ kg})\,(2\text{ m/s})^2$$
$$= \tfrac{1}{2}\,(1\text{ kg})\,(2\text{ m/s})\,(2\text{ m/s})$$
$$= 2\text{ kg m}^2/\text{s}^2$$
$$= 2\text{ J}$$

Observa que cuando elevas un número al cuadrado, como $(2 \text{ m/s})^2$, tanto la cifra como sus unidades se multiplican por sí mismas: $(2 \text{ m/s})^2 = (2 \text{ m/s})(2 \text{ m/s}) = 4 \text{ m}^2/\text{s}^2$. Observa también que las unidades pueden agruparse formando $\text{kg m}^2/\text{s}^2$. Puesto que $1 \text{ kg m}^2/\text{s}^2 = 1 \text{ J}$, $2 \text{ kg m}^2/\text{s}^2 = 2 \text{ J}$.

Ejercicios

1. Analiza la figura, ¿quién tiene mayor energía cinética, el niño o el perro?

2. ¿Cuántos joules de energía se necesitan para mover un objeto de 3 kg a una velocidad de 4 m/s?

Actividad: PÉNDULO

Objetivo   Demostrar el efecto que tiene la velocidad sobre la energía cinética.

Materiales   1 taza de arroz seco
calcetín
cordón de 1 m (3 pies) aproximadamente
hoja de papel carbón

cinta adhesiva transparente
lata de comida sin abrir
lápiz

Procedimiento

1. Vacía el arroz en el calcetín y hazle un nudo.

2. Ata un extremo del cordón alrededor del nudo del calcetín.

3. Pega con la cinta adhesiva el extremo libre del cordón en el borde superior de una mesa. Ajusta la altura del cordón de manera que cuelgue a 2.5 cm (1 pulgada) aproximadamente del piso. Luego, coloca uno o más pedazos de cinta sobre el cordón para mantenerlo en su lugar.

4. Con la cinta, pega el papel al piso debajo del calcetín, de manera que éste cuelgue sobre la orilla del papel.

5. Coloca la lata de comida sobre el borde del papel, de modo que el calcetín la toque de lado.

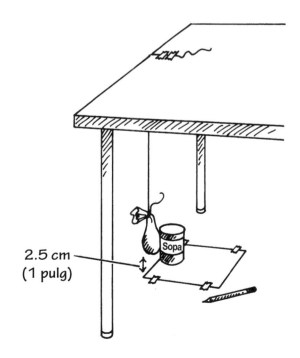

6. Jala el calcetín alejándolo unos 5 cm (2 pulgadas) de la lata.

7. Suelta el calcetín y deja que golpee la lata.

8. Con el lápiz, marca en el papel el borde de la lata más cercano al calcetín.

9. Repite los pasos 6 a 8 dos o más veces, pero jala el calcetín cada vez más lejos de la lata.

Resultados   Entre más se aleja el calcetín de la lata de comida, más se desplaza esta última.

¿Por qué?   El calcetín colgado es ejemplo de un **péndulo,** que es un peso suspendido que posee libertad para oscilar de un lado a otro. El peso y, por lo tanto, la masa del calcetín, se mantuvieron iguales. El cambio se dio en la altura del calcetín: a medida que ésta aumentaba, también aumentaba la velocidad. Dado que la energía cinética del calcetín oscilante depende de la masa y la velocidad de éste, la energía cinética aumenta a medida que aumenta la altura del calcetín. Esto queda demostrado por el incremento en la distancia que se desplaza la lata cuando la golpea el calcetín oscilante. Entre mayor energía cinética tenga el calcetín, realizará más trabajo sobre la lata, desplazándola una mayor distancia.

Soluciones a los ejercicios

1. *¡Piensa!*

- La energía cinética de un objeto depende de la masa y la velocidad de éste. A medida que aumentan la masa o la velocidad, o ambas, aumenta la energía cinética.

- El niño y el perro se mueven a la misma velocidad.

- El niño posee mayor masa que el perro.

El niño tiene mayor masa que el perro; por lo tanto, el niño tiene mayor energía cinética.

2. ¡Piensa!

- La ecuación para calcular la energía cinética es:

$$EC = ½\, mv^2$$

- Cuando elevas un valor al cuadrado, el número se multiplica por sí mismo.

Por lo tanto, la energía cinética del objeto es:

$$EC = ½\,(3\ kg)\,(4\ m/s)\,(4\ m/s)$$

- Si la masa se mide en kilogramos y la velocidad en metros por segundo, la energía se mide en joules.

La energía cinética del objeto es 24 joules.

6

Dos en una

Ley de conservación de la energía mecánica

Lo que necesitas saber

La **energía mecánica (EM)** es energía de movimiento sin importar si se trata de energía en acción o almacenada. La energía mecánica es la suma de la energía cinética y potencial de un objeto. En otras palabras, es la suma de la **energía cinética mecánica** (una forma de energía mecánica en la que la energía de un objeto se debe al movimiento de éste) y de la **energía potencial mecánica** (una forma de energía mecánica en la que la energía de un objeto se debe a su posición o condición).

Toda la energía cinética es energía mecánica, pero no toda la energía mecánica es cinética. Parte de la energía mecánica es energía potencial. Existen diferentes formas de energía potencial, y éstas incluyen la energía química y la energía mecánica. La energía potencial química se refiere a la energía potencial almacenada en los enlaces que mantienen unidos a los átomos, mientras que la energía potencial mecánica se relaciona con la energía potencial de un objeto que es capaz de moverse debido a su posición o condición. Un ejemplo de energía potencial mecánica es un resorte comprimido.

Un objeto puede poseer las dos clases de energía al mismo tiempo, energía potencial mecánica y energía cinética mecánica. Por ejemplo, cuando se deja caer una pelota y ésta comienza a caer, al hacerlo, convierte más y más de su energía potencial en energía cinética. La **ley de conservación de la energía mecánica** establece que la suma de la energía potencial mecánica

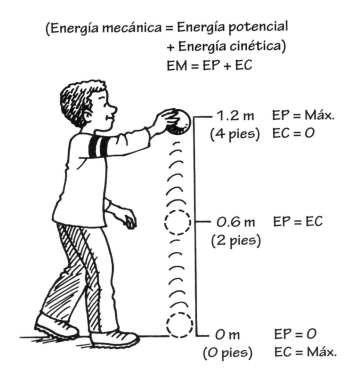

(Energía mecánica = Energía potencial
+ Energía cinética)
EM = EP + EC

1.2 m   EP = Máx.
(4 pies) EC = 0

0.6 m   EP = EC
(2 pies)

0 m   EP = 0
(0 pies) EC = Máx.

y la energía cinética mecánica de un objeto no cambia siempre y cuando ninguna fuerza externa, como la fricción, actúe sobre él. Por lo tanto, antes de caer la pelota, ésta posee su energía potencial máxima y su energía cinética es cero. A la mitad de su caída, la energía potencial y la cinética son iguales y, cuando llega al suelo posee su energía cinética máxima y su energía potencial es cero.

Ejercicios

1. Estudia las figuras y determina cuál de ellas, A o B, representa:

   a. Energía potencial mecánica.

   b. Energía cinética mecánica.

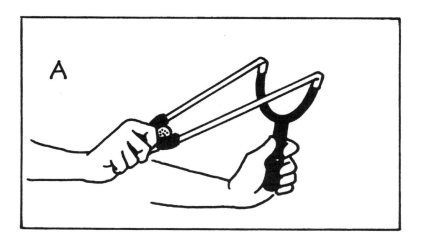

2. ¿Qué posición en la figura, A, B o C, muestra al niño con las dos clases de energía mecánica, potencial y cinética?

Actividad: **LA LATA MÁGICA**

Objetivo Demostrar de qué manera afecta la fricción el cambio de energía potencial mecánica a energía cinética mecánica.

Materiales 2 tapas de plástico para latas de café
lata de café de 368 g (13 onzas), vacía, sin tapa ni
fondo
lápiz
liga de hule de 7.5 a 10 cm (3 a 4 pulgadas) de largo
2 clips sujetapapeles
10 monedas de 10 centavos
masking tape

Procedimiento

1. Coloca las tapas en los extremos de la lata.

2. Con el lápiz, haz un hoyo en el centro de cada tapa. Los hoyos deben ser lo suficientemente grandes para que pase la liga de hule.

3. Retira las tapas de la lata.

4. Por el interior de la tapa, mete un extremo de la liga a través de cada hoyo. Coloca un clip en cada extremo de la liga para evitar que se zafe de la tapa. Jala la liga para ajustar los clips contra las tapas. El interior de las tapas debe estar uno frente al otro.

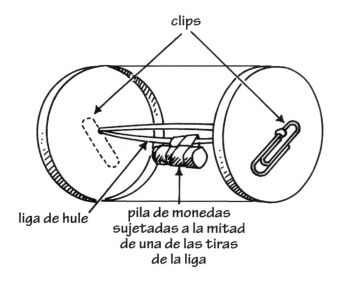

clips

liga de hule   pila de monedas
sujetadas a la mitad
de una de las tiras
de la liga

5. Apila las monedas y enróllalas con la cinta adhesiva. Luego, usa la cinta para fijarlas en la parte media de una de las tiras de la liga de hule.

6. Dobla ligeramente una de las tapas y empújala hacia el interior de la lata.

7. Coloca la otra tapa en un extremo de la lata y luego jala la tapa que está dentro de ella hacia afuera y colócala en el otro extremo. Nota: si las monedas tocan el lado de la lata, ajusta

la liga jalando sus extremos por el exterior de una de las tapas y hazle un nudo. Ajusta las monedas de manera que permanezcan en el centro.

8. Coloca la lata acostada en el piso y empújala para que ruede hacia adelante. Observa el movimiento de ésta hasta que se detenga. Nota: la lata necesita cerca de 3 m (10 pies) o más para rodar.

Resultados   La lata rueda hacia adelante y se detiene, luego rueda hacia atrás y vuelve a detenerse. Algunas latas ruedan hacia adelante y hacia atrás varias veces.

¿Por qué?   Cuando empujas la lata, estás efectuando trabajo sobre ella, y así le proporcionas energía cinética mecánica, haciéndola rodar por el piso. Al rodar, la liga se enrolla, almacenando cada vez más energía potencial, la cual se denomina energía potencial elástica, y es una forma de energía potencial mecánica. Cuando la lata se detiene, la liga comienza a desenrollarse y la energía potencial elástica almacenada en ella se convierte en energía cinética mecánica, haciendo que la lata ruede hacia atrás. La lata continúa rodando una vez que se ha desenrollado toda la liga debido a la **inercia** (la tendencia de un cuerpo en movimiento a permanecer en movimiento a menos que sobre él actúe una fuerza externa; también es la tendencia de un cuerpo en reposo a no modificar su condición a menos que sobre él actúe una fuerza externa), lo cual hace que la liga se vuelva a enrollar. La liga puede enrollarse y desenrollarse varias veces hasta que toda la energía cinética mecánica se convierte en otros tipos de energía, en especial calor debido a la fricción. Entonces, la lata se detiene.

Soluciones a los ejercicios

1a. *¡Piensa!*

• La energía potencial mecánica es la energía almacenada que puede hacer que el objeto se mueva como un todo.

- La liga de la resortera está estirada. Si la sueltas, la energía de la liga estirada efectuará trabajo sobre la piedra, haciendo que se mueva hacia adelante.

La figura A representa un objeto con energía potencial mecánica.

b. **¡Piensa!**

- La energía cinética mecánica es la que posee un objeto en movimiento.

- El barco se mueve sobre el agua.

La figura B representa un objeto con energía cinética mecánica.

2. **¡Piensa!**

- En la posición A, el niño no se mueve, pero lo hará cuando se suelte, así que posee energía potencial mecánica.

- En la posición B, parte de la energía potencial se transformó en energía cinética.

- En la posición C, la energía potencial es cero y la energía cinética es máxima.

En la posición B, el niño posee las dos clases de energía, potencial mecánica y cinética mecánica.

7

Perturbaciones
Ondas mecánicas

Lo que necesitas saber

Una **onda** es una perturbación que se desplaza y transfiere energía, pero no materia, de un lugar a otro. Las ondas que requieren un medio para viajar se denominan **ondas mecánicas.** Las olas del mar son ondas que se desplazan por el agua, su medio de desplazamiento es el agua, y el aire es el medio común para el desplazamiento de las ondas del sonido. A las ondas que no requieren un medio y pueden desplazarse por el **espacio** (región más allá de la atmósfera de la Tierra) se les conoce como **ondas electromagnéticas.** La energía, como la luz y el calor, que viaja en forma de ondas electromagnéticas se llama **radiación** o **energía radiante.** A todas las clases de radiación, ordenadas desde ondas electromagnéticas de menor energía, como las de radio, hasta las de mayor energía, como los rayos X, se les conoce como el **espectro electromagnético.** Para mayor información acerca de la energía radiante, ve el capítulo 11. Si das unos golpecitos en la superficie del agua con el dedo a intervalos regulares, producirás rizos en el agua, unas ondas espaciadas de manera uniforme que se extenderán en círculos desde el lugar donde tu dedo toca el líquido. Estos rizos son perturbaciones en una sustancia llamada **medio** a través del cual viajan las ondas. Las ondas que se suceden una a la otra a intervalos regulares se denominan **ondas periódicas** o simplemente **ondas.** Los rizos se crearon con el movimiento repetido de tu dedo hacia arriba y hacia abajo. Cualquier movimiento que sigue la misma trayectoria de manera repetitiva, como el movimiento de vaivén o sacudida de un cuerpo se denomina **vibración.** Todas las ondas son producto de una fuente de vibración, como los golpecitos de tu dedo sobre el agua. Al arrojar una piedra al agua se hace que ésta se mueva abajo y arriba en un mismo punto, por lo que produce ondas desde el punto de vibración.

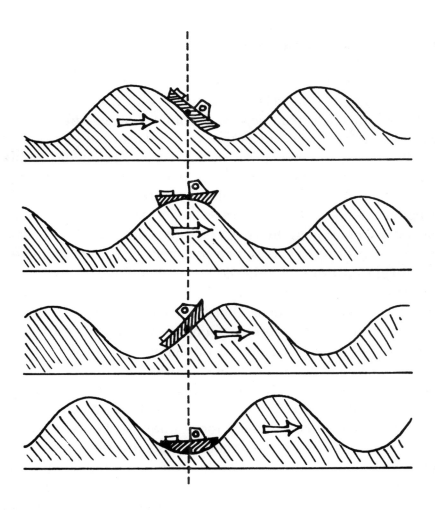

Cuando las olas se mueven a través de la superficie del agua, parece como si el líquido se moviera hacia afuera, pero no sucede así. En cambio, sólo la ola se mueve hacia adelante. Es posible probar esto si se hace flotar un objeto, como un barco de juguete, en el agua. Las olas harán que el barco suba y baje, pero no lo moverán hacia la orilla. Las olas pasan por el barco y se mueven hacia adelante, pero el barco permanece aproximadamente en el mismo lugar.

Con base en la dirección del **desplazamiento** (cambio en la posición de un cuerpo) del medio comparado con la dirección del movimiento de la onda, existen dos clases de ondas mecánicas: transversales y longitudinales. En una **onda transversal,** el desplazamiento del medio es perpendicular al movimiento de la onda, por lo tanto, si la perturbación es vertical, como en una ola, el movimiento de la onda es horizontal. Las olas en el agua, lo mismo que las ondas electromagnéticas, son ondas transversales. En una **onda longitudinal,** el desplazamiento del medio es paralelo al movimiento de ésta. De modo que si la perturbación es horizontal, el movimiento de la onda también es horizontal. Esta clase de ondas, como las ondas sonoras, causan **compresión** (aumento de la densidad o compactación) y **rarefacción** (disminución de la densidad o disipación) del medio.

Las ondas transversales y longitudinales poseen las mismas características básicas: amplitud, longitud y frecuencia. El movimiento máximo de las partículas de un medio con respecto a su posición en reposo se llama **amplitud,** y ésta aumenta conforme va aumentando la energía de la onda. La **longitud de onda** es la distancia que puede medirse desde cualquier punto de una onda hasta el punto equivalente de la onda consecutiva. La **frecuencia** es el número de ondas multiplicado por la unidad de tiempo. En el Sistema Internacional de Unidades el **hertz (Hz)** se usa de manera común para medir la frecuencia. Una frecuencia de un hertz equivale a una onda por segundo.

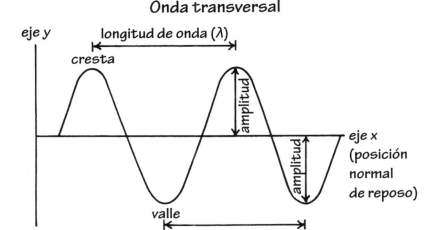

Onda transversal

Para ilustrar las características de las ondas transversales es útil emplear una gráfica lineal como la de la página anterior. El patrón ascendente y descendente de la gráfica representa la amplitud.

El eje *x* en la gráfica representa la posición normal o en reposo del medio antes de la perturbación. El eje *y* representa la perturbación. En una onda transversal, la cantidad de movimiento a partir del reposo se muestra en el eje *x* como la distancia hacia arriba y hacia debajo de esta línea. Los puntos más altos de la gráfica sobre el eje *x* representan las **crestas** (la parte alta de las ondas transversales). Las partes bajas de la gráfica representan los **valles.** En esencia, una cresta y un valle constituyen una onda transversal. El símbolo de la longitud de onda es la letra griega lambda (λ).

En una onda longitudinal, las partículas del material vibran de un lado a otro en una dirección paralela al movimiento de la onda. Esto hace que las partículas del medio se compacten entre sí y luego se separen, formando compresiones y rarefacciones respectivamente. La amplitud de una onda longitudinal depende de la **densidad** (el número de partículas en el área). Entre mayor sea la amplitud, las partes más **densas** (muchas partículas de una

Onda longitudinal

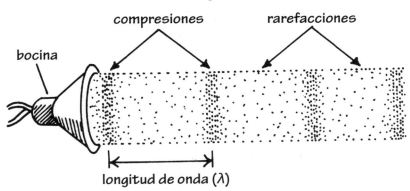

sustancia en un espacio pequeño) son las regiones de compresión y las menos densas son las de rarefacción. Una onda está constituida por una compresión y una rarefacción.

Ejercicios

1. ¿Qué figura, A o B, representa una onda mecánica?

A   Ondas de luz

B   Olas

2. Las siguientes preguntas se refieren a los dibujos de ondas A, B y C de la página 56:

    a. ¿Cuál figura, A, B o C, posee las ondas con la mayor longitud?

    b. Si cada figura representa un periodo de 1 segundo, ¿cuál figura, A, B o C, representa la onda con la mayor frecuencia?

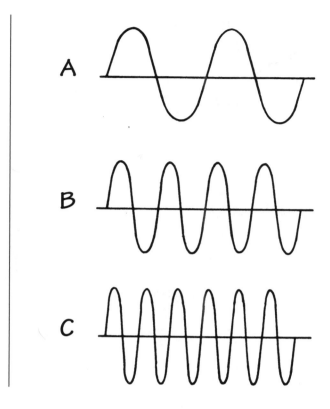

Actividad: **ARROZ SALTARÍN**

Objetivo   Demostrar la forma en que se transfiere la energía mecánica de una onda.

Materiales   caja con un lado de por lo menos 25 cm
                (10 pulgadas) de largo
            20 a 30 granos de arroz
            lápiz

Procedimiento

1. Coloca la caja sobre una mesa.

2. Esparce los granos de arroz en una hilera a lo largo de la parte superior de la caja.

3. Con el extremo de goma del lápiz, golpea con suavidad la parte superior de la caja cerca de un extremo de la hilera de granos de arroz. Observa el movimiento de los granos.

4. Repite el paso 3, pero golpea con más fuerza.

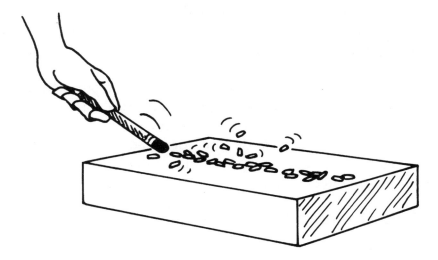

Resultados   Cuando golpeas la caja con suavidad, todos o casi todos los granos de arroz rebotan despacio, pero permanecen en una posición cercana a su posición inicial sobre la caja. Si golpeas con mayor fuerza, haces que los granos de arroz reboten con rapidez; algunos saltan de la caja y caen en diferentes lugares. Parece como si los granos se movieran todos al mismo tiempo, y los que están cerca del lápiz se mueven más.

¿Por qué?   Cada golpe empuja la caja hacia abajo cuando la toca el lápiz, por lo tanto, se realiza trabajo sobre la caja y se transfiere energía a ella. El golpeteo repetido perturba la superficie de la caja, enviando una onda mecánica a través de las superficies de ésta. La dirección de la perturbación del medio (caja) es vertical (de arriba a abajo) y el movimiento de la onda es horizontal (a lo largo de la caja). La onda se desplaza tan rápido que parece que los granos de arroz se mueven al mismo tiempo. Los granos cercanos al sitio donde golpea el lápiz se mueven más, porque a medida que la onda se aleja de la fuente que la produce, va perdiendo energía. Parte de ésta se transmite a los granos de arroz, parte al aire que está encima de la caja y parte a la caja misma. Los granos rebotan hacia arriba y hacia abajo, pero en general permanecen en la misma posición, porque la onda que se mueve a través de la caja transporta energía, no material. De este modo, los granos pierden su posición original de reposo sólo de modo temporal, pero cuando la onda pasa regresan a una posición de reposo aproximada. Si los granos reciben suficiente energía para despegarse de la superficie de la caja, pueden caer en una nueva posición. Esto se debe a que cuando el lápiz golpea con fuerza contra la caja, le proporciona a la onda mayor energía para transferir al arroz. A diferencia de las moléculas de agua, los granos de arroz no están conectados y pueden moverse de manera independiente entre sí, así es que pueden salir disparados de la caja.

Soluciones a los ejercicios

1a. ¡Piensa!

- Las ondas mecánicas se mueven a través de un medio, que puede ser cualquier tipo de materia, como el agua.

- La luz es una forma de ondas electromagnéticas, las cuales no requieren un medio para desplazarse.

En la figura B, las olas en el agua representan ondas mecánicas.

2a. ¡Piensa!

- La longitud de onda se mide de un punto de una onda a un punto equivalente en la onda consecutiva.

- ¿Qué onda presenta una mayor distancia entre dos puntos en ondas consecutivas?

La figura A representa las ondas con la mayor longitud de onda.

b.   ¡Piensa!

- La frecuencia de una onda es el número de ondas que se producen en un tiempo determinado.

- La figura A tiene dos ondas, la B presenta cuatro y la C, seis.

- ¿Cuál figura tiene la mayor cantidad de ondas por segundo?

La figura C, con seis ondas por segundo, posee la mayor frecuencia.

8

De arriba a abajo

Movimiento de energía en ondas transversales

Lo que necesitas saber

En una onda transversal, el medio de desplazamiento se mueve en dirección perpendicular al movimiento de la onda (véase capítulo 7). Las ondas pueden cambiar de dirección si se topan con una barrera en su camino. La barrera puede **absorber** (captar o retener) y **reflejar** (hacer rebotar sobre una superficie) la energía de la onda. Por ejemplo, si se ata el extremo de una cuerda a un árbol, la onda que se mueve a lo largo de dicha cuerda será reflejada por el árbol. El árbol absorberá una cantidad pequeña de la energía de la onda, pero la mayor parte viajará de regreso a lo largo de la cuerda como una onda reflejada.

Cuando coinciden dos conjuntos de ondas con la misma frecuencia y longitud de onda pero que se mueven en direcciones opuestas, forman **ondas estacionarias** (ondas que parecen no moverse). Las ondas estacionarias parecen no moverse a través del medio, sino que hacen que éste vibre formando una serie de bucles. Observe en la figura que cada mitad de onda se mueve hacia arriba y hacia abajo, y que los puntos llamados **nodos** a lo largo de la onda no se desplazan de la posición de reposo. Las crestas y valles de una onda estacionaria se llaman **antinodos.**

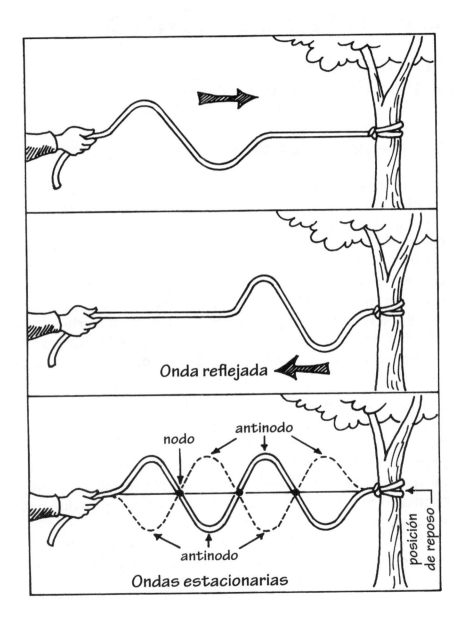

Ejercicios

1. Cada conjunto en la tabla de Datos de onda contiene la dirección de la perturbación del medio y la dirección de la onda. ¿Cuál conjunto, A, B o C describe una onda transversal?

Datos de la onda

Conjunto	Movimiento de la perturbación	Movimiento de la onda
A	↑ ↓	→
B	→ ←	→
C	↑ ↓	↑

2. En la figura, ¿qué parte de la onda estacionaria, A o B, es un nodo?

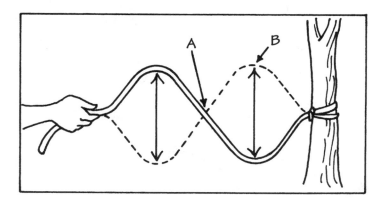

Actividad: QUIETO

Objetivo Determinar de qué manera la frecuencia de una fuente de vibración afecta las ondas estacionarias producidas.

Materiales   toalla de papel
cinta adhesiva transparente
30 cm (12 pulgadas) de cordón
resorte de juguete

Procedimiento

1. Dobla la toalla de papel a la mitad tres veces y envuelve la pata de la silla con ella. Sujeta la toalla enrollando cinta adhesiva alrededor. La toalla de papel se usa para proteger la superficie de la pata.

2. Estira el resorte sobre el piso hasta alcanzar una distancia aproximada de 1.8 a 2.4 metros (6 a 8 pies). Usa el cordón para atar un extremo del resorte a la pata de la silla sobre la toalla de papel.

3. Mientras sostienes el extremo libre del resorte, muévelo rápidamente una vez de lado a lado para enviar una onda a lo largo del resorte. Observa el movimiento de la onda.

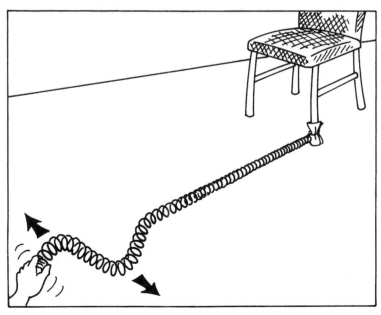

4. Mueve despacio el extremo del resorte de un lado a otro cambiando el número de movimientos laterales hasta que se formen ondas estacionarias. Intenta mover el extremo la misma distancia siempre.

5. Repite el paso 4, pero mueve el extremo del resorte con rapidez de un lado al otro.

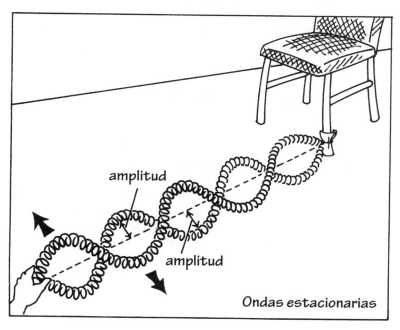

Resultados A medida que aumenta la rapidez del movimiento de un lado al otro en el extremo del resorte, aumenta también el número de ondas estacionarias.

¿Por qué? Las ondas que parecen estar inmóviles se denominan estacionarias. Los puntos de la onda llamados nodos permanecen en el mismo lugar mientras las áreas entre los nodos se mueven hacia un lado y hacia otro, formando con cada movimiento, y de manera alternada, crestas y valles denominados antinodos. En este experimento, las ondas estacionarias se formaron al hacer vibrar el extremo de un resorte. La frecuencia de la vibración aumentó a medida que se incrementó la rapidez del movimiento de lado a lado. A medida que aumentaba la frecuencia de la fuente de vibración (el extremo del resorte), se incrementó el número de ondas estacionarias.

Soluciones a los ejercicios

1. ¡Piensa!

- La dirección del desplazamiento de una onda transversal es perpendicular a la dirección de la onda.

- ¿Cuál conjunto, A, B o C, muestra un movimiento de desplazamiento perpendicular al de la onda?

El conjunto A representa el desplazamiento y el movimiento ondulatorio de la onda transversal.

2. ¡Piensa!

- Un nodo es la parte de la onda transversal que no se aleja de la posición de reposo (la línea horizontal).

- ¿Qué parte de la figura, A o B, no indica movimiento hacia arriba o hacia abajo de la posición de reposo?

En la figura, la parte A es un nodo.

9

Buena vibra

Energía sonora

Lo que necesitas saber

La **energía sonora o energía acústica** es energía mecánica (energía de movimiento) que es transferida en forma de ondas por partículas vibratorias. Las **ondas sonoras** son ondas longitudinales producidas por la energía del sonido en las cuales hay zonas de compresión (partes donde las partículas están más compactas) y zonas de rarefacción (partes donde las partículas están más dispersas) de las partículas del medio a través del cual se mueven. Un resorte de juguete estirado es un útil modelo de las ondas sonoras en movimiento a través de un material. Si se aplastan algunas vueltas del resorte en un extremo, se produce un área de compresión que hace que las vueltas más adelante se separen. La compresión del resorte crea una zona de rarefacción. Cuando las vueltas oprimidas se liberan, éstas se separan, empujando las vueltas delante de ellas para que se junten. A su vez, las vueltas que se oprimieron avanzan y empujan a las que siguen, y así sucesivamente. Al comprimir las vueltas del extremo, éstas reciben energía que es transferida de un extremo del resorte al otro. Las vueltas no se mueven al mismo tiempo conforme la onda de energía viaja a través del resorte, sino que algunas se juntan y otras se separan.

Una onda sonora se origina cuando un objeto vibra (presenta un movimiento de vaivén). A su vez, esta vibración ocasiona la compresión y rarefacción de las partículas de aire de manera semejante a la del resorte. Las partículas de aire individuales que

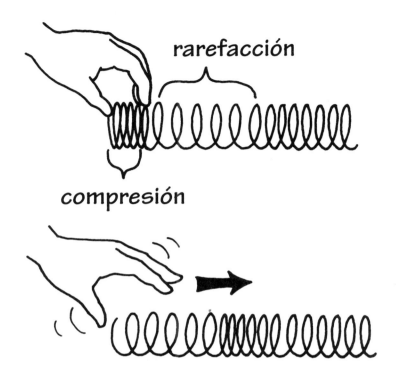

rarefacción

compresión

llevan la energía sonora se mueven de un lado a otro en sentido paralelo a la dirección del movimiento de la onda. En consecuencia, la onda sonora es una serie de compresiones y rarefacciones alternadas de las partículas de aire. Cada una de las partículas pasa la energía a las partículas vecinas, pero una vez que pasa la onda sonora, lo mismo que con las vueltas del resorte, cada partícula de aire permanece casi en el mismo lugar.

Cada vez que cualquier parte de un objeto vibra se emiten ondas sonoras en todas direcciones. Mientras el objeto continúa vibrando, una sucesión de ondas sonoras se aleja de éste. Entre más rápido vibre el objeto, mayor es la rapidez con la cual se producen las ondas sonoras y más alta es la frecuencia de la onda. El **tono** es la propiedad que indica qué tan agudo o grave es un sonido para el observador y está determinado por la frecuencia del sonido. A mayor frecuencia, mayor tono. La intensidad de un sonido o sonoridad depende de la energía de la onda sonora. A medida que aumenta la energía, la **amplitud** (la distancia que se desplazan las partículas respecto a su posición en reposo) de la onda sonora se incrementa. La energía de las ondas sonoras depende de varias cosas, entre ellas la distancia a la que se encuentran de la fuente de vibración, así como cuán dispersas estén las ondas. A medida que aumentan la distancia y la separación de las ondas, se reducen la energía y la intensidad.

Cuando las ondas sonoras en el aire penetran en tu oído, activan unas células especializadas que envían mensajes a tu cerebro. Éste interpreta los mensajes como **sonido.** Entre mayor energía posee una onda sonora, más intenso es el sonido que se escucha. Las ondas sonoras son ondas mecánicas, lo cual implica que requieren un medio para propagarse. Si no lo hay, no existe el sonido. Por ejemplo, no hay sonido en el espacio exterior (la región más allá de la atmósfera de la Tierra) porque no existe, relativamente, medio alguno que lo propague. La mayoría de los sonidos que escuchamos viajan por el aire, pero también pueden viajar por líquidos y sólidos. El sonido viaja con la rapidez en los sólidos, y se desplaza con mayor rapidez en líquidos que en gases. Por ejemplo, los indios americanos solían pegar una oreja al piso para escuchar si se acercaban manadas de bisontes (o búfalos). Podían escuchar el sonido más pronto a través de la tierra que por el aire, dado que la rapidez con la cual éste viaja por la tierra sólida es cerca de cuatro veces mayor que en el aire.

Ejercicios

1. En las ondas sonoras que emite la campana, qué parte, A o B, representa las siguientes zonas de una onda longitudinal:

   a. Compresión.

   b. Rarefacción.

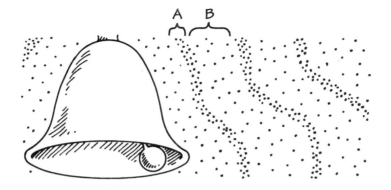

2. En la figura, el niño A y la niña B se encuentran a la misma distancia del reloj. ¿Cuál de ellos, A o B, escucha más fuerte el tic-tac?

Actividad: RUIDOS DEL ESPACIO EXTERIOR

Objetivo   Determinar de qué manera afecta la amplitud la intensidad de un sonido.

Materiales   resorte de juguete metálico
vaso de plástico de 480 ml (16 onzas)

Procedimiento

1. Inserta un extremo del resorte en la base del vaso.

2. Estando de pie, coloca la boca del vaso sobre un oído y deja que el resorte se estire de manera que su extremo libre descanse sobre el piso. Inclínate un poco de manera que el resorte se encuentre lo más recto posible y que no toque tu cuerpo.

3. Con la mano, junta tres o cuatro vueltas del resorte cerca de la base del vaso, luego suéltalas. Observa la intensidad del ruido que se produce.

4. Repite el paso 3, pero ahora junta ocho o más vueltas del resorte.

vaso

3 o 4 vueltas

el resorte apenas toca el piso

Resultados Se escucha un sonido más fuerte cuando se comprimen más vueltas del resorte.

¿Por qué? El sonido rebota con un movimiento de vaivén a medida que las ondas se desplazan por las vueltas del resorte y se reflejan en la base del vaso y en el piso. Cuando se comprimen más vueltas, se escucha un sonido más intenso porque se invirtió más energía para producirlo. La intensidad del sonido está relacionada con la cantidad de energía que transporta una onda. La amplitud de la onda es una indicación de su energía; entre mayor es ésta, más grande es la amplitud. En las ondas sonoras, esto significa que las compresiones son más compactas y las rarefacciones están más dispersas. Entre mayor es la amplitud de un sonido, más intenso es éste.

Se ha desarrollado una escala de **intensidades** de sonido (energía de la onda sonora por segundo) y la unidad de intensidad es el **decibel (dB).** Un decibel de 0 corresponde a un sonido tan suave que apenas se escucha. Los susurros alcanzan cerca de 10 dB, la conversación normal se acerca a los 60 a 70 dB, la música fuerte llega a los 90 a 100 dB, el motor de un avión tiene una intensidad de 100 dB, y una intensidad mayor a unos 120 dB causa dolor.

Soluciones a los ejercicios

1a. ¡Piensa!

- La vibración de la campana produce ondas sonoras, las cuales son longitudinales.

- La zona de compresión es la región de una onda longitudinal donde las partículas de materia a través de la cual se mueve la onda están muy cercanas entre sí.

- ¿Qué área, A o B, muestra partículas de aire muy cercanas entre sí?

El área A representa la zona de compresión en una onda sonora.

**b.   ¡*Piensa!*

- La rarefacción es la zona de una onda longitudinal donde las partículas de la materia a través de la cual se mueve la onda están más separadas o dispersas.

- ¿Qué área, A o B, muestra partículas muy dispersas?

El área B representa la zona de rarefacción en una onda sonora.

**2.   ¡*Piensa!*

- Debido al tamaño de la mesa, el sonido que viaja a través de ella no se dispersa tanto como lo haría si se desplazara por el aire.

- Las ondas sonoras pierden más energía cuando se dispersan. Las ondas sonoras se dispersan más cuando viajan por el aire que por la mesa.

- El sonido es más intenso cuando posee mayor energía, así que el sonido que viaja a través de la mesa es más fuerte.

- ¿Cuál de los niños escucha mejor el sonido del tic-tac que viaja a través de la mesa?

El niño A escucha un tic-tac más fuerte.

10

Energía en paquetes

Fotones

Lo que necesitas saber

La energía de los electrones de un átomo es comparada con el modelo llamado **niveles de energía,** que son regiones que se encuentran alrededor y a diferentes distancias del núcleo atómico. La energía de los electrones es diferente en cada nivel de energía, y los electrones que se encuentran más alejados del núcleo poseen la mayor cantidad. Los niveles de energía pueden compararse con una escalerilla portátil. Una persona puede subir de un peldaño al otro, pero no puede quedarse parada en medio de ellos. De igual manera, los electrones pueden pasar de un nivel de energía al otro, pero no se detienen a medio camino.

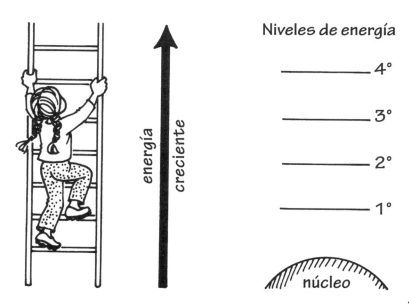

Niveles de energía

—————— 4°

—————— 3°

—————— 2°

—————— 1°

núcleo

energía creciente

El **estado basal** es el nivel normal (mínimo) de energía de un electrón específico en un átomo. Cuando un electrón absorbe una cantidad específica de energía, éste "salta" a un nivel con mayor cantidad de energía y más alejado del núcleo. Con esta energía adicional, el electrón es **inestable** (tiende a cambiar) y se dice que está en **estado excitado** (nivel de energía de un electrón en un átomo que es mayor que su estado basal). Los electrones permanecen en estado excitado sólo por algunas milmillonésimas de segundo antes de emitir la energía adicional y regresar a su estado basal.

La energía que ganó el electrón puede provenir de diferentes fuentes, como electricidad, calor, luz y radiación ultravioleta (UV) de alta energía. Pero la energía adicional del electrón en estado excitado por lo general se libera como luz. Esta última existe como paquetes de energía denominados **fotones,** los cuales son una forma de cuantificar la energía electromagnética. La longitud de onda de un color particular de luz es una indicación de sus fotones. La **luz visible** es una forma de radiación que puede percibir el ojo humano. El **espectro visible** lo forman los siete colores visibles siempre en el mismo orden (ordenados de mayor a menor longitud de onda) resultado de la descomposición de la luz blanca del Sol: rojo, naranja, amarillo, verde, azul, índigo y violeta. A medida que disminuye la longitud de onda de cualquier radiación, aumenta su energía. De este modo, la luz roja, que posee una mayor longitud de onda, tiene menor energía que la luz violeta. Cada color de luz tiene fotones con la misma cantidad de energía. Cuando un electrón libera fotones, el color de la luz visible depende de la cantidad de energía del fotón liberado.

Entre más se calienta un material, mayor es el nivel de energía del estado excitado de los electrones y la energía de los fotones liberados. Así pues, el color de un material caliente puede emplearse para indicar su temperatura. Una flama azul debida a la liberación de fotones "azules" está mucho más caliente que la flama amarilla resultante de la liberación de fotones "amarillos" con menor energía.

El color de las estrellas nos indica qué tan calientes están. Así pues, éstas se agrupan en **tipos espectrales** que indican su color y temperatura. A cada tipo espectral se le asigna una letra. De acuerdo con una temperatura superficial de mayor a menor, estas letras son OBAFGKM. La tabla indica el color básico de las estrellas de cada tipo. Observa que los tipos O y B son ambos azules, pero no poseen la misma tonalidad. El tipo O es más caliente y, por lo tanto, tiene un tono más violeta azulado. Se requiere un instrumento especial llamado **espectroscopio** (instrumento que permite descomponer la luz en los colores que la constituyen) para distinguir entre los colores de algunas estrellas.

Tipos espectrales

Tipo	Color
O	azul
B	azul
A	blanco azulado
F	blanco
G	amarillo
K	naranja
M	naranja rojizo

El color de un material caliente también varía de acuerdo con los elementos que contiene. Aunque las estrellas amarillas poseen una temperatura de $5538°C$ $(10,000°F)$, un leño en una fogata puede quemarse a temperatura mucho menor y producir una flama amarilla debido a que en el leño abunda el elemento carbono. El carbono produce una flama amarilla cuando se calienta. También otros elementos pueden identificarse por medio del color de la luz que emiten cuando los calientan, como es el caso del verde pálido para el bario y rojo para el litio. Éstas y otras sustancias químicas se usan para cubrir los leños para chimeneas y producir una llama multicolor.

Ejercicios

1. Utiliza la tabla de Tipos espectrales de la página 77 y el diagrama que aparece abajo de la **constelación** (un grupo de estrellas que parece formar un diseño) de Géminis para responder lo siguiente:

   a. ¿Cuántas de las estrellas marcadas son amarillas?

   b. ¿Cuáles son las estrellas más frías?

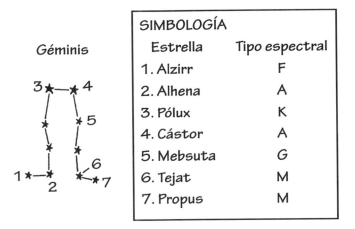

SIMBOLOGÍA	
Estrella	Tipo espectral
1. Alzirr	F
2. Alhena	A
3. Pólux	K
4. Cástor	A
5. Mebsuta	G
6. Tejat	M
7. Propus	M

2. El nivel 1 es el estado basal del electrón en las figuras A y B. Utiliza las figuras para responder lo siguiente:

   a. ¿Cuál figura, A o B, muestra al electrón del átomo en estado excitado?

   b. ¿Cuál figura, A o B, muestra al electrón del átomo en una posición en la que puede emitir luz?

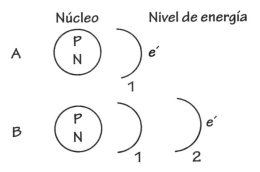

Actividad: MÁS BRILLANTE

Objetivo   Demostrar que los electrones excitados emiten luz cuando pierden energía.

Materiales   tijeras
pedazo de periódico
tarjeta blanca para archivo
cinta adhesiva transparente
marcador amarillo fluorescente
lámpara incandescente

Procedimiento

1. Corta un trozo de periódico un poco más pequeño que la tarjeta para archivo.
2. Pega el periódico a la tarjeta con cinta adhesiva.
3. Usa el marcador para resaltar parte del trozo de periódico pegado en la tarjeta.
4. Sostén la tarjeta de manera que la luz de la lámpara incandescente la ilumine. Observa la brillantez de las áreas marcadas en la tarjeta.
5. Repite el paso 4 usando la luz del sol.

Resultados   El área marcada es más brillante cuando se ve bajo la luz del sol.

¿Por qué?   La tinta fluorescente posee una sustancia especial que absorbe la radiación ultravioleta invisible y la convierte en luz visible que posee el mismo color que la tinta. Esto sucede debido a que los electrones en la sustancia absorben la radiación ultravioleta, lo cual provoca que se exciten algunos electrones del compuesto químico. Los electrones excitados pierden el exceso de energía en la forma de fotones de luz visible. De este modo, la tinta absorbe radiación invisible y emite luz visible del mismo color que la tinta. En el caso de la tinta amarilla fluorescente, se emiten fotones amarillos. La tinta fluorescente amarilla posee un pigmento amarillo que refleja los fotones amarillos de la luz visible que incide sobre ella, además del compuesto especial que absorbe la radiación ultravioleta y emite luz amarilla. Con esta luz amarilla combinada, el color de la tinta tiene mucho brillo. Si la tinta sólo se ve bajo luz visible, como la luz que produce una lámpara incandescente, la tinta se ve amarilla debido a la luz amarilla que se refleja, pero no es un amarillo especialmente brillante. De igual manera, parte de la luz incandescente produce un color ligeramente amarillo, lo cual hace que la tarjeta se vea amarillenta. Entonces, el área marcada con la tinta amarilla puede confundirse con el papel amarillento y, por lo tanto, no se distingue con facilidad.

Soluciones a los ejercicios

1a. *¡Piensa!*

- ¿Qué tipo espectral es amarillo? G

- ¿Qué estrellas del diagrama son tipo G? Una estrella es tipo G, Mebsuta.

Hay una estrella amarilla en el diagrama de Géminis, Mebsuta.

b. *¡Piensa!*

- ¿Qué tipo espectral es el más frío? M

- ¿Cuáles son los nombres de las estrellas tipo M?

Propus y Tejat son las estrellas más frías en el diagrama de Géminis.

2a. *¡Piensa!*

- Los electrones en estado basal se encuentran en su nivel más bajo de energía. Los que están en estado excitado se encuentran en un mayor nivel de energía.

- El estado basal de los electrones en las figuras A y B es el nivel 1.

- ¿Cuál diagrama muestra al electrón en un nivel de energía mayor que el del nivel 1?

La figura B muestra al electrón del átomo en estado excitado.

b. *¡Piensa!*

- Los electrones excitados pueden emitir fotones cuando regresan al estado basal.

- Los fotones son paquetes de energía luminosa.

- ¿Cuál figura muestra un electrón excitado? B

La figura B muestra un electrón que puede emitir luz.

11
Cruza el espacio
Energía radiante

Lo que necesitas saber

La energía radiante viaja en la forma de ondas electromagnéticas. El origen de cualquier onda es la vibración. Por ejemplo, un tambor que vibra hace que las partículas a su alrededor vibren y produzcan ondas sonoras. Éstas son ondas mecánicas que requieren un medio para propagarse, por lo general, aire. Pero las ondas electromagnéticas no necesitan un medio, lo cual significa que pueden viajar por el espacio, la región que está afuera de la atmósfera de nuestro planeta y que carece relativamente de medio.

Las ondas mecánicas se originan a partir de las partículas vibratorias en un medio, mientras que las ondas electromagnéticas se originan en los electrones en vibración que crean un **campo eléctrico** (región donde actúa una fuerza de atracción o repulsión sobre una carga eléctrica) y un **campo magnético** (región donde existe atracción o repulsión sobre un material magnético). Estos campos vibran en ángulo recto uno con respecto al otro y a la dirección del movimiento. En consecuencia, las ondas electromagnéticas son ondas transversales.

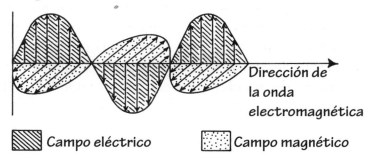

Dirección de la onda electromagnética

▨ Campo eléctrico   ⣿ Campo magnético

Dado que no se requiere un medio para que la energía radiante se mueva de un lugar a otro, la **energía solar** (energía radiante proveniente del Sol) puede viajar a través del espacio hasta llegar a la Tierra. Todas las formas de energía radiante viajan a una velocidad de 300 mil kilómetros (186,000 millas) por segundo en el vacío. A esta velocidad se le denomina **velocidad de la luz.** Así pues, la energía solar que viaja a la velocidad de la luz puede llegar a la Tierra, la cual está a una distancia de 149 millones de kilómetros (93 millones de millas) aproximadamente, más o menos en ocho minutos.

Los diferentes tipos de energía radiante están ordenados en el espectro electromagnético de acuerdo con sus longitudes de onda. Este espectro, que va desde la menor longitud de onda y el tipo de radiación más energético hasta la mayor longitud de onda y el tipo de radiación con la menor energía, comprende rayos gamma, rayos X, radiación ultravioleta, luz visible, radiación infrarroja, microondas y las ondas de radio.

Los **rayos gamma** y los **rayos X** son dos clases de radiación electromagnética invisible que se producen en las reacciones nucleares y pueden atravesar la mayoría de las sustancias. Los médicos usan los rayos gamma para destruir las células de cáncer. Los rayos X pueden penetrar a través de los tejidos humanos, excepto el hueso, así que los doctores los emplean para obtener imágenes especiales de los huesos del cuerpo.

La **radiación ultravioleta** (UV) está formada por rayos invisibles que se desprenden de objetos muy calientes, como el Sol. Hay bombillas eléctricas especiales que producen radiación UV, entre ellas la luz negra y las lámparas solares, y los focos fluorescentes también producen pequeñas cantidades de radiación UV. Este tipo de radiación se utiliza para la **esterilización** (un proceso que mata las bacterias) de los objetos. La luz UV también produce el **bronceado de la piel** (proceso por el cual ésta adquiere un tono más oscuro), pero el exceso de UV causa quemaduras de sol y puede llegar a ocasionar cáncer en la piel. Es muy importante limitar el tiempo que pasas bajo el sol, cubrir tu cuerpo, usar lentes oscuros para proteger los ojos y aplicarte lociones con bloqueador solar en la piel para ayudar a bloquear los rayos UV.

Después de la radiación ultravioleta se encuentra la luz violeta, que es la zona con más energía del espectro visible. Toda la energía radiante es invisible, excepto la luz visible. La energía solar contiene todo tipo de energía radiante, pero los rayos que llegan a la superficie de la Tierra comprenden sobre todo luz visible. La combinación de todos los colores de la luz en el espectro produce **luz blanca.** Las sustancias químicas que proporcionan el color a los objetos se llaman **pigmentos.** El color de un objeto depende de qué parte del espectro visible absorben los pigmentos del objeto y qué parte reflejan (rebota desde una superficie) hacia tu ojo. Por ejemplo, cuando la luz blanca llega a una manzana, ésta se ve de color rojo porque absorbe todas las clases de luz que forman el espectro visible con excepción del color rojo, el cual se refleja y es captado por el ojo.

La **radiación infrarroja (IR)** es la que sigue de la luz roja visible, y es la que tiene el menor nivel de energía del espectro visible. Cuando la radiación infrarroja incide sobre un objeto, se transforma en energía cinética, que hace que las partículas de dicho objeto vibren con mayor rapidez, aumentando así su temperatura. La radiación infrarroja es tan efectiva para calentar las cosas que con frecuencia se le llama **calor radiante.** Para mayor información sobre la luz infrarroja, véase el capítulo 14.

Las siguientes ondas en el espectro electromagnético son dos de las más grandes pero que contienen la menor energía, se trata de las **microondas,** seguidas de las **ondas de radio.** Algunos materiales absorben las microondas, como es el caso del agua y la grasa de los alimentos, pero éstas atraviesan otras sustancias, como los platos de papel. Para mayor información sobre los materiales que absorben o dejan pasar la radiación, véase el capítulo 14. En un horno de microondas, la radiación hace que las moléculas de agua y grasa de la comida se muevan rápidamente de un lado a otro. Las moléculas en movimiento rebotan unas contra otras. De la misma manera que tus manos se calientan al frotarlas una contra otra con rapidez, la fricción de las moléculas al rebotar unas contra otras hace que la comida se caliente en los hornos de microondas. Tanto las ondas de radio como las microondas se usan en comunicaciones para llevar señales que se escuchan como sonido y se proyectan como imágenes en radios y televisiones.

Ejercicios

1. Estudia la figura y responde las siguientes preguntas:

    a. ¿Cuál es el nombre común de la energía que la niña recibe del Sol?

    b. ¿Qué parte de la energía solar causa el bronceado y un exceso de ella podría ocasionar daño al cuerpo de la niña?

    c. La niña lleva lentes oscuros para proteger sus ojos del exceso de rayos UV. ¿Qué más puede hacer para proteger su cuerpo de la energía solar?

2. Estudia la figura para contestar las siguientes preguntas:

a. ¿Cuál es el nombre de la fuente de energía radiante de la luz blanca?

b. ¿De qué color se vería la flor de la figura?

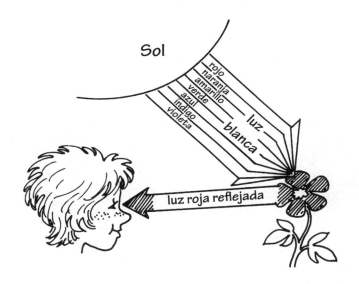

Actividad: PINTURA CON LUZ

Objetivo Demostrar la reflexión de la luz.

Materiales   hoja tamaño carta blanca
lámpara de mano
2 pedazos de cartulina: amarilla y roja

Procedimiento

1. Dobla la hoja de papel a la mitad de arriba a abajo.

2. Colócala doblada sobre la mesa. Ésta será tu pantalla.

3. En un cuarto oscuro, enciende la lámpara de mano y proyecta la luz sobre la pantalla blanca. Observa el color de ésta.

4. Coloca la lámpara de mano sobre la mesa a un lado y en ángulo con respecto a la pantalla, como se muestra en la figura.

5. Sostén la cartulina amarilla a unos 30 cm (12 pulgadas) o más frente al papel blanco. Luego, acerca despacio la cartulina amarilla hacia la pantalla hasta que esté muy próxima al extremo con el foco de la lámpara de mano. Observa el color de la pantalla a medida que acercas la cartulina.

6. Repite el paso 5 usando la cartulina roja.

Resultados   La pantalla se ve blanca cuando diriges la luz hacia ella, pero se ve amarilla cuando la luz pega primero en la cartulina amarilla, y roja cuando la luz llega primero a la cartulina roja.

¿Por qué?   Las cartulinas amarilla y roja tienen color debido a los pigmentos que contienen. La luz de la lámpara de mano es básicamente blanca, así que contiene los colores del arco iris (rojo, naranja, amarillo, verde, azul, índigo y violeta). Cuando la luz blanca incide en un objeto, como el papel, éste absorbe muy poca luz y refleja toda la luz colorida. Esta luz de colores mezclados al reflejarse produce luz blanca, así que el objeto se ve blanco. Los colores que uno ve dependen de la luz que refleja el objeto y que llega a nuestros ojos. Los pigmentos del papel amarillo absorben todos los colores de la luz blanca, excepto el amarillo. La luz amarilla se refleja hacia la pantalla, la cual la refleja a su vez hacia tus ojos. Por lo tanto, la pantalla parece ser amarilla. Lo mismo ocurre en el caso de la cartulina roja: ésta absorbe todos los colores de la luz blanca excepto el rojo, el cual refleja.

Soluciones a los ejercicios

1a. *¡Piensa!*

- El Sol emite energía radiante.
- ¿Cuál es el nombre de la energía radiante del Sol?

La energía del Sol se llama energía solar.

b. *¡Piensa!*

- La radiación ultravioleta proviene del Sol.
- La radiación ultravioleta broncea la piel.
- Si la piel absorbe demasiada luz ultravioleta, puede quemarse o incluso desarrollar cáncer de la piel.

La radiación ultravioleta produce bronceado de la piel, pero en exceso puede causarle daño.

c. *¡Piensa!*

- Se podría usar un reloj con alarma para ayudar a limitar el tiempo de exposición al Sol.
- Usar más prendas de ropa podría proteger la piel.

- Las lociones con bloqueador solar protegen la piel porque absorben la luz ultravioleta, de manera que la primera no reciba tanta luz de este tipo.

La niña puede proteger su cuerpo del exceso de rayos ultravioleta si limita su tiempo de exposición al Sol, usa ropa protectora y lentes, y cubre su piel con loción bloqueadora.

2a. ¡Piensa!

- La energía radiante del Sol se llama energía solar.

- La luz visible es una forma de energía solar. ¿Cuál es la fuente de luz blanca?

La fuente radiante de la luz blanca es la energía solar.

b. ¡Piensa!

- La luz blanca es una mezcla de todos los colores de la luz en el espectro visible.

- Cuando la luz blanca incide sobre un objeto, el color de éste se refleja.

- De los colores de la luz blanca, ¿qué color refleja la flor?

La flor refleja la luz roja, de modo que se ve de ese color.

12

Dame calor

Transferencia de calor

Lo que necesitas saber

La materia está constituida por partículas, como átomos, moléculas y iones. La suma de la energía de todas las partículas de un objeto se llama **energía térmica** (también llamada energía interna).

Comúnmente se dice que los objetos calientes contienen más calor que los fríos, pero técnicamente la energía del objeto caliente no es calor, sino energía térmica. El **calor** es la energía que fluye de un material caliente a uno frío debido a las diferencias en su temperatura. Se dice que un objeto se calienta cuando se le añade calor. Cuando esto sucede, hay un aumento en la energía térmica del objeto al igual que en su temperatura. Sucede lo contrario cuando se enfría un objeto.

Temperatura es la medida de la energía cinética promedio de las partículas en movimiento en el material; es una medida de cuán frío o caliente está algo. Pero la temperatura no es una medida de la energía térmica. Por ejemplo, un plato de sopa y una taza de sopa pueden tener la misma temperatura, pero hay más partículas en movimiento en el plato de sopa que en la taza, porque hay más sopa en el primero. En consecuencia, hay más energía cinética y energía térmica en el plato de sopa que en la taza de sopa.

Cuando objetos con diferentes temperaturas están en contacto, el más caliente le pasa calor al más frío. El calor siempre fluye de un objeto con más energía térmica a otro que tiene menos energía térmica. El calor no siempre viaja de la misma manera. Las tres formas básicas en las que se transfiere el calor son radiación, convección y conducción.

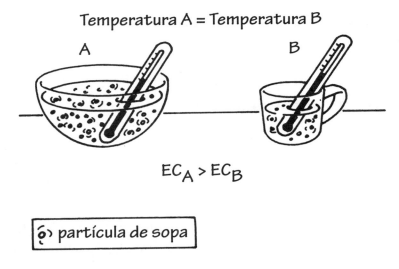

Temperatura A = Temperatura B

$EC_A > EC_B$

$\mathring{\circ}$ partícula de sopa

Radiación es el proceso por el cual se transfiere calor en la forma de radiación infrarroja. **Convección** es el proceso por el cual se transfiere calor por medio del movimiento de los **fluidos** (materiales líquidos o gaseosos que se pueden mover libremente) calientes. **Conducción** es el proceso por medio del cual se transfiere calor de una partícula a otra por el choque entre ellas, también se le llama **conducción térmica.** El calor se transfiere con mayor rapidez por medio de la radiación que por convección o conducción. Esto se debe a que el calor radiante viaja a la velocidad de la luz, la cual es de 300 mil kilómetros (186,000 millas) por segundo. Véase el capítulo 11 para mayor información sobre la transferencia de calor por radiación y el 13 para saber más sobre la transferencia de calor por convección.

En el proceso de conducción, el calor se transfiere a través de una sustancia, o de una sustancia a otra, por el contacto directo entre sus partículas. Dado que toda la materia está formada por partículas, la conducción tiene lugar en sólidos, líquidos y gases.

Por ejemplo, si colocas una cuchara de metal en una taza de chocolate caliente, llegará un momento en que el mango de la cuchara se calentará, lo mismo que el aire alrededor de la taza y la cuchara. Esto se debe a que las partículas con movimiento más rápido del chocolate chocan con las partículas más lentas del metal en la superficie del cuenco de la cuchara. En estas colisiones se transfiere calor desde el chocolate caliente hasta las partículas de metal de la cuchara. A medida que las partículas de chocolate pierden calor, se reduce su energía cinética y las partículas de metal ganan calor, lo que hace que su energía cinética aumente. Las partículas de metal con movimiento rápido del cuenco de la cuchara chocan con las partículas vecinas con movimiento más lento del mango de la cuchara. De esta manera, el calor del chocolate caliente se transfiere de una partícula a otra a lo largo de la cuchara. En el proceso, el chocolate caliente se enfría y la cuchara se calienta. Lo mismo sucede con las partículas de aire que tocan la taza, el chocolate caliente o la cuchara. El calor se transfiere a las partículas de aire. Llegará un momento en que todos los materiales —la taza, el chocolate caliente y la cuchara— se encuentren a la misma temperatura y no haya transferencia de calor.

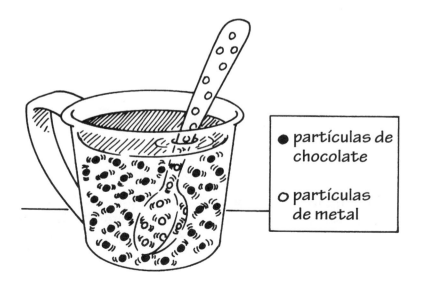

● partículas de chocolate

○ partículas de metal

Algunos materiales transfieren calor por conducción con mayor facilidad que otros y se les llama **conductores.** Se denomina **conductor térmico** a un material capaz de conducir calor. Los metales son buenos conductores. A los materiales que son malos conductores se les llama **aislantes,** y se denominan **aislantes térmicos** si no son capaces de conducir calor. El vidrio, la madera o el aire atrapado, como sucede entre las plumas de un ave, son buenos aislantes.

Ejercicios

1. El agua en las figuras A y B está a la misma temperatura. ¿Cuál figura, A o B, posee más energía térmica?

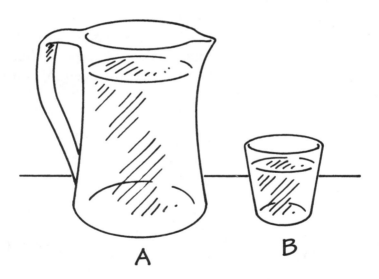

2. En la figura de la página opuesta están en contacto dos bloques metálicos a diferentes temperaturas. ¿Cuál de las flechas, A, B o C, indica la dirección en que se transfiere el calor entre los bloques?

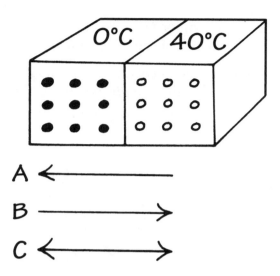

Actividad: PÉRDIDA DE CALOR

Objetivo   Demostrar la transferencia de calor por conducción.

Materiales   charola para hornear galletas
cordón de 45 cm (18 pulgadas)

Procedimiento

1. Coloca la charola sobre una mesa.

2. Presiona tu mano derecha contra la superficie y cerca de un extremo de la charola. Con la otra mano, estira el cordón rodeando el contorno de la mano que se encuentra sobre la charola.

3. Sin mover el cordón de su lugar, sigue presionando la mano contra la charola durante 30 segundos o más. Mide el tiempo en segundos contando mil uno, mil dos, mil tres, etcétera, hasta mil treinta.

4. Antes de quitar la mano de la charola para galletas, coloca los dedos de la mano izquierda sobre la superficie de ésta en el extremo opuesto. Observa cuán caliente o fría está la charola.

5. Luego, levanta la mano derecha y toca con la mano izquierda el área de la charola delimitada por el cordón y donde se encontraba la mano derecha. Determina qué tan fría o caliente se siente el área.

Resultados   La charola de galletas se siente más caliente en el área delimitada por el cordón.

¿Por qué?   Conducción es el proceso mediante el cual se transfiere calor entre objetos que están en contacto. El calor pasa del objeto más caliente al más frío. La charola para galletas está a temperatura ambiente y tu cuerpo tiene una temperatura de 37°C (98.6°F) aproximadamente, que por lo general es una temperatura mucho mayor que la temperatura ambiente. Cuando tocas la charola con la mano, el calor de tu mano pasa a la charola debido a la conducción. La energía térmica de la piel que toca la charola se reduce y la energía térmica de esta última aumenta. Luego, la temperatura de la charola en la zona delimitada por el cordón aumenta. En el exterior del cordón, la temperatura de la charola no aumenta, así que ésta se siente más fría. La sensación de frío o calor depende de la cantidad de calor que sale o entra a tu piel. Entre mayor es la cantidad de calor que sale de la piel, más frío se siente el objeto.

Soluciones a los ejercicios

1. ¡Piensa!

- La energía térmica es la suma de la energía de todas las partículas en una sustancia.

- A la misma temperatura, la energía cinética promedio de las partículas de agua en la jarra y en el vaso es la misma.

- A medida que aumenta el número de partículas, aumenta la energía térmica.

- ¿Qué figura, A o B, posee más partículas?

La figura A posee más partículas y, por lo tanto, más energía térmica.

2. ¡Piensa!

- El calor es la transferencia de energía térmica de un objeto más caliente a otro más frío.

- ¿Cuál de las flechas muestra la dirección del bloque más caliente al más frío?

La flecha A indica el sentido de la transferencia de calor del bloque metálico más caliente al más frío.

13

Corrientes

Transferencia por convección

Lo que necesitas saber

Cuando se calienta un fluido (gas o líquido), su **volumen** (cantidad de espacio que ocupa un objeto) aumenta debido a que sus partículas tienen mayor energía y comienzan a moverse más rápido y a separarse más. De este modo, un fluido frío tendría un menor volumen que la misma masa de ese mismo fluido a mayor temperatura. Cuando el volumen de un material aumenta pero su masa permanece igual, disminuye la densidad (medida de la masa por volumen) del material. Así pues, el número de partículas sigue siendo el mismo, pero éstas se separan más.

Si se comparara un número igual de partículas en un líquido caliente y en uno frío, la muestra caliente tendría menor densidad. Por ejemplo, los dos globos de la figura contienen 12 partículas de gas, pero el globo con gas caliente se expandió, de manera que las partículas de gas están más separadas. El globo con gas caliente contiene 12 partículas con un volumen mayor que el globo con gas frío, de modo que el globo con gas caliente posee menor densidad que el que contiene gas frío.

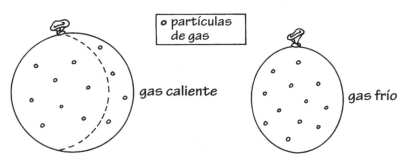

o partículas de gas

gas caliente

gas frío

La diferencia en la densidad de los fluidos hace que aquellos que están más calientes y poseen menor densidad se eleven, mientras que los fluidos más fríos y densos se hunden. La transferencia de calor debida al movimiento de partículas de fluidos calientes se llama convección, y el movimiento de arriba hacia abajo de las partículas de fluido ocasionado por las diferencias en densidad y como resultado de las diferencias en temperatura se llama **corriente de convección.** Un ejemplo común de transferencia de calor por convección es el movimiento del aire en una habitación. El aire caliente menos denso se eleva hacia el techo y el aire frío y más denso se hunde hacia el piso. La mejor manera de calentar un cuarto en invierno es calentar el aire cerca del piso. El aire caliente se elevará hacia el techo. Cuando este aire caliente se enfría, desciende de nuevo hacia el piso; como resultado, se forman corrientes de convección que mueven el aire por la habitación.

La atmósfera y los océanos de la Tierra presentan corrientes de convección. En la atmósfera, el aire cercano a la superficie se calienta y asciende, y el aire frío desciende, formando corrientes de convección. Estas corrientes transfieren calor a través de toda la atmósfera del planeta. Movimientos de agua semejantes en los océanos producen corrientes que transfieren calor de un área a otra.

Ejercicios

1. Estudia la figura y determina qué área, A, B o C, tendrá la mayor temperatura.

2. ¿Qué figura, A, B o C, no muestra movimiento alguno debido a corrientes de convección?

A

B

C

Actividad: CORRIENTES DE COLORES

Objetivo Demostrar las corrientes de convección debidas a diferencias de temperatura.

Materiales cinta adhesiva
pluma
4 vasos de plástico transparente de 270 ml
(9 onzas)
agua fría y caliente
2 cubos de hielo
1 popote (pajilla)
colorante vegetal rojo
ayudante adulto

Procedimiento

1. Usa la cinta y la pluma para etiquetar dos vasos con la palabra "Caliente" y dos con la palabra "Frío".

2. En uno de los vasos marcados con la palabra "Frío", vierte tres cuartos de taza de agua fría y añádele hielo.

3. Revuelve el agua helada varias veces con el popote. Retira el hielo y elimínalo, luego vacía cerca de la mitad del agua en el otro vaso que dice "Frío".

4. Añade 10 gotas de colorante rojo a uno de los vasos de agua fría. Mezcla con el popote.

5. Pide a tu ayudante adulto que llene los vasos para agua caliente hasta la mitad. Añade 10 gotas de colorante vegetal a uno de los vasos de agua caliente. Mezcla con el popote.

6. Coloca el vaso de agua caliente sin color sobre una mesa y siéntate de manera que tus ojos queden al nivel del vaso.

7. Introduce el popote en el agua roja. Sostén tu dedo sobre el extremo abierto del popote para evitar que el agua escurra por el otro extremo.

8. Introduce el popote en el vaso de agua caliente sin colorante. Levanta ligeramente tu dedo del popote para permitir que el agua teñida salga. Observa el movimiento del agua pintada.

9. Saca el popote del agua y observa el contenido del vaso periódicamente durante cinco minutos.

10. Repite los pasos 6 a 9, pero usa agua fría sin colorante en el paso 6 y agua caliente con colorante en el paso 7.

Resultados   El agua fría de color sale del popote y se asienta en el fondo del vaso con agua caliente. El agua caliente de color sale del popote y asciende a la superficie del agua fría. El agua caliente de color se mezcla con el agua fría al subir y pinta el agua fría, pero en la superficie del agua fría se forma una capa más oscura de agua pintada.

¿Por qué?   Convección es la transferencia de calor por medio de un fluido en movimiento, como el agua, debido a diferencias de temperatura. Las moléculas de agua caliente poseen más energía y se mueven más rápido que las moléculas de agua fría con menos energía. Las veloces moléculas de agua caliente tienden a separarse unas de otras, por lo tanto, el agua caliente, con sus moléculas más separadas, es menos densa que el agua fría. Cuando se soltó el agua fría de color en el fondo del vaso lleno de agua caliente, el agua fría más densa se hundió hasta el fondo del vaso. Cuando se soltó el agua caliente de color en el fondo del vaso lleno de agua fría, el agua caliente, que es menos densa que la fría, subió hasta la superficie. Mientras se movía hacia la superficie, el agua caliente de color se mezcló un poco con el agua fría sin color, pero la mayor parte del agua caliente subió a la superficie, formando allí una capa oscura. En el vaso, como en la naturaleza, el agua fría de la superficie se hunde mientras que el agua caliente se eleva y ocupa su lugar. Al subir el agua caliente y bajar el agua fría, se producen corrientes de convección.

Soluciones a los ejercicios

1. ¡Piensa!

- El calentador eleva la temperatura del aire cercano al piso.

- El aire caliente es menos denso y más ligero que el aire frío. Por lo tanto, el aire caliente sube hasta el techo.

- ¿Qué área está más cerca del techo, A, B o C?

  El área C está más cerca del techo, así que es el área más caliente.

2. ¡Piensa!

- Las corrientes de convección se deben al movimiento hacia arriba y hacia abajo de las partículas debido a las diferencias en la densidad del fluido como resultado de las diferencias de temperatura.

- La figura A muestra el movimiento de un fluido, el agua, pero no hay indicación de una diferencia de temperatura.

- La figura B presenta movimiento debido a que el aire caliente sube y choca con la espiral.

- La figura C muestra un globo aerostático lleno de aire caliente.

- El aire caliente dentro del globo es menos denso que el aire frío que lo rodea por fuera, así que el globo se eleva.

- ¿Qué figura, A, B o C, no muestra ningún movimiento debido a las corrientes de convección?

La figura A no muestra ningún movimiento debido a las corrientes de convección.

14

¡Entra en calor!

Radiación infrarroja

Lo que necesitas saber

La energía solar es la radiación que emite el Sol y contiene todas las clases de radiación del espectro electromagnético, pero la mayor parte de la radiación solar que llega a la atmósfera de la Tierra es **radiación térmica** (la radiación que emite un cuerpo como resultado de su temperatura), que está constituida por radiación ultravioleta, luz visible y radiación infrarroja (radiación invisible que se siente como calor). La radiación se absorbe, se refleja y pasa a través de la atmósfera.

Se dice que cualquier material que absorbe o refleja un tipo específico de radiación sin permitir que pase ningún otro es **opaco** (bloquea el paso de la radiación) para ese tipo de radiación. Por ejemplo, tu cuerpo es opaco a la luz visible. Un material que permite el paso de un tipo específico de radiación sin cambiar la dirección de ésta es **transparente** (no bloquea el paso de radiación) para ese tipo de radiación. El vidrio claro es transparente a la luz visible. Si la radiación que pasa a través de un material se **difunde** (se extiende en diferentes direcciones) se dice que es **translúcido** para ese tipo de radiación. El vidrio esmerilado es translúcido a la luz visible.

Un material puede ser transparente para una forma de radiación y opaco para otra. Por ejemplo, el vidrio claro es transparente a la luz visible, pero opaco a la radiación infrarroja. El vidrio absorbe la radiación infrarroja, mientras que la luz visible lo atraviesa. Dado que la luz pasa directamente a través del vidrio,

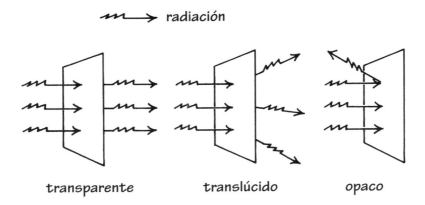

es posible ver muy bien los objetos a través de éste. Entre más claro y brillante sea el objeto, más reflejará la radiación. Los objetos de color oscuro absorben más radiación que los de color claro.

La radiación absorbida hace que aumente la temperatura del material absorbente. Por ejemplo, los diferentes materiales dentro de una habitación absorben la luz visible del Sol que pasa a través del cristal de una ventana. Los objetos de tonos oscuros y superficies opacas, mullidas e irregulares absorben más luz que los objetos con superficies duras, de colores claros y brillantes. La luz que se absorbe hace que las partículas de estos materiales se muevan con mayor rapidez, lo cual aumenta su energía cinética. Conforme aumenta la energía cinética de las partículas, se incrementa la energía térmica de un material y éste se calienta. El calor de los materiales más calientes se transfiere a los más fríos a través de la conducción, convección o radiación (emisión de radiación infrarroja). El vidrio de la ventana es opaco a la radiación infrarroja que se produce dentro de la habitación, pero se calienta con la radiación infrarroja que absorbe. Dado que materiales como el aire y las cortinas tocan el cristal caliente, parte del calor del vidrio se transfiere al exterior y otra parte regresa al cuarto debido a la conducción.

Todos los objetos emiten o reciben radiación infrarroja de manera constante. Entre más alta sea la temperatura de un objeto con respecto a su entorno, mayor será la rapidez con la que emita radiación infrarroja. Entre menor sea la temperatura de un objeto con respecto a su entorno, con mayor rapidez absorberá la radiación infrarroja. Por lo tanto, los cuerpos calientes tienden a emitir radiación infrarroja y los cuerpos fríos tienden a absorberla.

Si te sientas cerca de una fogata, percibes el calor principalmente por la energía calorífica que transfiere el fuego por radiación. Esto se debe a que el calor transferido por corrientes de convección se eleva en lugar de moverse hacia ti. Dado que el aire es un mal conductor del calor, es muy poco o nulo el calor que recibes debido a la conducción. Aunque la luz visible que absorbe tu cuerpo se convierte en energía calorífica, el fuego produce muy poca luz visible para que la absorba tu cuerpo. Las fogatas por lo general no están lo bastante calientes para producir radiación UV. De este modo, la radiación infrarroja proporciona la mayor parte del calor que recibes de una fogata.

Ejercicios

1. Estudia la figura de la página 110 y determina qué símbolo, A o B, representa la radiación infrarroja.

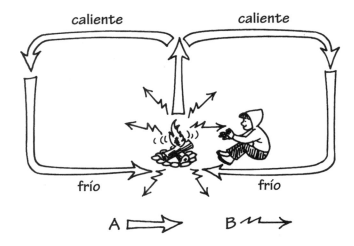

2. ¿Cuál de las figuras, A, B o C, muestra el calentamiento del malvavisco con radiación infrarroja?

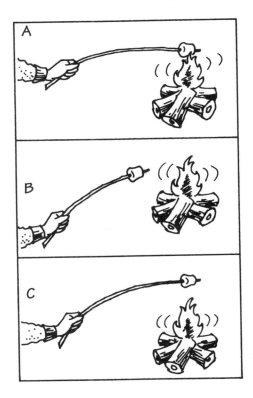

Actividad: CALOR DIRECTO

Objetivo   Comparar el efecto de los materiales sobre la transferencia de radiación infrarroja.

Materiales   plástico blanco de 15 × 15 cm (6 × 6 pulgadas) cortado de una bolsa de basura
cartulina blanca de 15 × 15 cm (6 × 6 pulgadas)
lámpara de escritorio

Procedimiento

1. Enciende la lámpara y ajústala de manera que ilumine hacia abajo.

2. Sostén una mano, con la palma hacia arriba, a cerca de 10 cm (4 pulgadas) bajo el foco de la lámpara durante cinco segundos. Mide el tiempo en segundos contando lentamente: mil uno, mil dos, etcétera. Observa qué tan caliente o fría se siente tu mano mientras la tienes bajo la luz. *Precaución: no pongas la mano a menos de 10 cm (4 pulgadas) por abajo del foco.* Si comienzas a sentir la piel demasiado caliente, retira la mano.

3. Retira tu mano de la luz y déjala enfriar durante cinco segundos. Luego, cubre tu mano con el cuadro de plástico blanco y repite el paso 2.

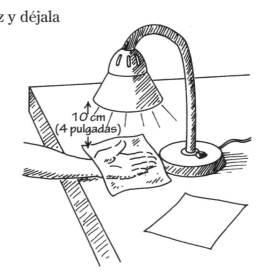

4. Repite el paso 2, pero ahora cubre tu mano con el cuadro de cartulina blanca.

Resultados   La piel de tu mano siente más calor si no la cubres, un poco menos calor con la cubierta de plástico y menos todavía con la cubierta de cartulina.

¿Por qué?   La lámpara emite radiación infrarroja, la cual es absorbida por tu piel, por eso se siente caliente. El pedazo de cartulina bloquea la radiación infrarroja, mientras que el plástico sólo bloquea parte de ésta. Por esta razón tu mano siente más calor sin cubierta, un calor medio con el plástico y casi nada con la cartulina.

Soluciones a los ejercicios

1. ¡Piensa!

- El calor se mueve por convección cuando el aire caliente de arriba de una fogata se eleva y el aire frío lo reemplaza. ¿Cuál flecha representa convección? A

- El calor se aleja del fuego en todas direcciones debido a la radiación en forma de radiación infrarroja.

- De las dos opciones de transferencia de calor que muestran las flechas de la figura, ¿cuál representa radiación infrarroja?

  En la figura, la flecha B representa la transferencia de calor por radiación infrarroja.

2. ¡Piensa!

- En la figura A, el malvavisco se calienta por conducción debido a que toca las flamas calientes.

- En la figura C, el malvavisco se calienta debido al aire caliente que sube del fuego, por lo tanto, se calienta por convección.

- El malvavisco de la figura B no se encuentra por arriba del fuego ni toca la flama, en consecuencia, se calienta por la transferencia de calor que se llama radiación, y el tipo de radiación que se transfiere es la radiación infrarroja.

La figura B muestra la transferencia de calor hacia el malvavisco por radiación infrarroja.

15
Cambios de temperatura
Cómo se mide la energía térmica

Lo que necesitas saber

La energía térmica es la energía total de un material (véase el capítulo 12 para mayor información sobre esta clase de energía) y calor es la transferencia de dicha energía de un objeto a otro. La temperatura es la medida de la energía cinética promedio de todas las partículas que constituyen un objeto. Cuando se añade calor a un objeto, aumenta la energía cinética de sus partículas, por lo que la temperatura del objeto aumenta. De igual manera, cuando un objeto pierde calor, la energía cinética de sus partículas disminuye y se reduce la temperatura del objeto. Entonces, la temperatura es una medida de qué tan caliente o frío está el objeto. Si sumerges el dedo en un tazón con agua caliente y luego tocas con el mismo dedo un cubo de hielo, puedes establecer que un objeto posee mayor temperatura que el otro. Pero aunque tu cuerpo es sensible a las diferencias de frío o calor de un objeto, no puedes usarlo para determinar los grados específicos de la temperatura.

Para medir la temperatura se usa un instrumento llamado **termómetro.** En la actualidad se emplean muchas clases de termómetros, una de éstas posee un tubo de diámetro pequeño que termina en un bulbo lleno de líquido. Hubo un tiempo en que el líquido de la mayoría de los termómetros era mercurio, pero ahora se sabe que este elemento es **tóxico** (venenoso), así que se usan otros líquidos. En algunos termómetros se emplea ahora una mezcla de aceite vegetal que no es peligrosa y colorante. Cuando se calienta el líquido en el bulbo, sus partículas se mueven más rápido y se separan. El líquido caliente se expande y sube por el tubo. Cuando el líquido se enfría sucede lo contrario. Las partículas se mueven más despacio y se acercan entre sí, por lo cual se reduce la altura del líquido en el tubo. Para medir los cambios en el líquido, hay una escala impresa a lo largo del termómetro.

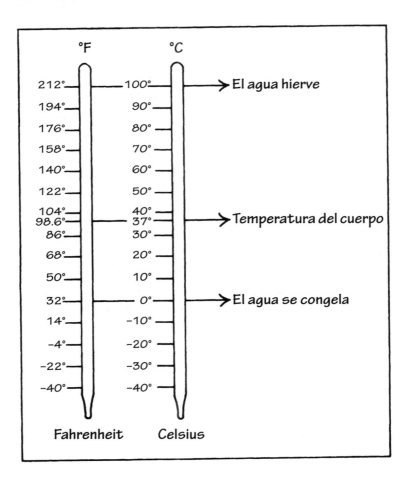

Las dos escalas de uso común son Fahrenheit y Celsius. La **escala Fahrenheit** debe su nombre al científico alemán Daniel Gabriel Fahrenheit (1686-1736). La unidad de temperatura en la escala Fahrenheit es el grado Fahrenheit, °F.

La **escala Celsius** recibió su nombre en honor al científico sueco Anders Celsius (1701-1744). La unidad de temperatura en esta escala es el grado Celsius, °C. Estas escalas poseen los mismos puntos de referencia —el punto de congelación y el punto de ebullición del agua— pero difieren en los valores que se les asigna a cada una. En la escala Fahrenheit, el agua se congela a los 32°F y hierve a los 212°F al nivel del mar. En la escala Celsius, que es la escala que se usa en casi todo el trabajo científico, el agua se congela a los 0°C y hierve a los 100°C al nivel del mar.

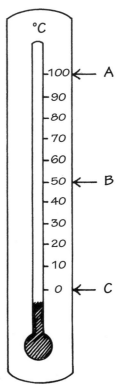

Ejercicios

Utiliza el diagrama del termómetro que aparece en esta página y el diagrama de la página 116 para responder lo siguiente:

1. ¿Qué lectura de temperatura es la temperatura del agua hirviendo, A, B o C?

2. Para la lectura de temperatura A en la escala Celsius del diagrama, ¿cuál es la temperatura equivalente en la escala Fahrenheit?

Actividad: SENSACIONES DE FRÍO Y CALOR

Objetivo Demostrar la precisión del tacto para medir la temperatura.

Materiales 2 cucharas del mismo tamaño: 1 de metal, 1 de plástico.

Procedimiento

1. Deja las dos cucharas sobre una mesa durante cinco minutos o más.

2. Apoya el dorso del cuenco de la cuchara metálica sobre tu mejilla. Observa qué tan caliente o fría se siente la cuchara.

3. Repite el paso 2 con la cuchara de plástico.

Resultados   La cuchara de metal se siente más fría que la de plástico.

¿Por qué?   La temperatura de la cuchara de metal y de la de plástico es la misma. La cuchara de metal es un mejor conductor de calor que la de plástico. Esto significa que el calor fluye con mayor facilidad a través del metal que del plástico. Al tocar las cucharas, pasa más calor de tu piel a la cuchara de metal que a la de plástico. La cuchara de metal se siente más fría porque los nervios de tu piel le envían mensajes a tu cerebro de que está perdiendo calor. En consecuencia, te das cuenta de la transferencia de calor más que de la temperatura real de las cucharas.

Soluciones a los ejercicios

1. *¡Piensa!*

- El diagrama representa un termómetro con una escala Celsius.

- En la escala Celsius, ¿cuál es la temperatura del agua hirviendo? 100°C.

La lectura de temperatura A muestra la temperatura del agua en ebullición.

2. *¡Piensa!*

- La lectura de A en la escala Celsius del diagrama es 100°C, la temperatura del agua hirviendo.

- ¿Cuál es la temperatura del agua hirviendo en la escala Fahrenheit?

Una temperatura de 100°C equivale, en la escala Fahrenheit, a 212°F.

16

Los opuestos se atraen
Cargas eléctricas

Lo que necesitas saber

La **carga eléctrica** es la propiedad de las partículas atómicas que genera una fuerza de atracción o de repulsión entre ellas. Las cargas eléctricas se encuentran en la naturaleza en dos formas, y el científico y estadista estadounidense Benjamín Franklin (1706-1783) las clasificó como positivas y negativas. La **electricidad** es una forma de energía. La electricidad puede clasificarse para su estudio en dos formas: estática y corriente. La **electricidad estática** se debe a la presencia de **cargas estáticas** (acumulación de cargas estacionarias en un objeto) y la **electricidad corriente** se debe al flujo de cargas. La energía asociada con la electricidad se llama **energía eléctrica.** La **energía potencial eléctrica** se debe a las fuerzas de atracción o repulsión entre las cargas eléctricas.

Cuando dos cargas iguales (positiva y positiva o negativa y negativa) están cerca, se **repelen** (se rechazan), pero cuando dos cargas diferentes (positiva y negativa) están próximas, se atraen (se acercan). A esto se le llama **ley de las cargas eléctricas.** La energía potencial (EP) aumenta cuando acercamos dos objetos que se repelen o separamos dos objetos que se atraen. De este modo, a medida que varía la distancia entre las cargas eléctricas, también cambia su energía potencial eléctrica.

Un átomo está formado por un centro diminuto y denso llamado núcleo. Las partículas básicas del núcleo son los protones y neutrones. Las partículas nucleares, ya sean protones o neutrones, se conocen en conjunto como **nucleones**. Alrededor del núcleo encontramos unas partículas en movimiento rápido llamadas electrones (e'). Los protones y electrones poseen carga eléctrica. Los protones tienen carga positiva, que se indica mediante un signo más (+), y los electrones poseen carga negativa, que se indica mediante un signo menos (–). Los neutrones carecen de carga, así que se dice que son neutros, lo cual se indica combinando un signo positivo y uno negativo (±).

Un átomo es **neutro** si tiene un número balanceado de cargas positivas y negativas, lo cual significa que posee un número igual de protones y electrones. Entonces, aunque un átomo contiene partículas con carga, eléctricamente es neutro porque las cargas se cancelan entre sí. Los átomos se pueden cargar ya sea al perder o ganar electrones. Esto sucede debido a que los electrones, a diferencia de los protones, tienen libertad para moverse. Si un átomo pierde un electrón, tiene más cargas positivas (protones) que negativas (electrones), así que adquiere carga positiva. Si un átomo gana un electrón, tiene más cargas negativas (electrones) que positivas (protones), así que adquiere carga negativa.

La fricción y la conducción son dos formas mediante las cuales se cargan los materiales neutros. La **carga por fricción** es el proceso de cargar dos materiales neutros como resultado del contacto físico entre ellos. Uno de los materiales tiende a perder más electrones que el otro, de manera que la pérdida de electrones tiene como resultado la adquisición de una carga positiva, y la ganancia de electrones en el otro material tiene como resultado que éste adquiera carga negativa. Esto ocurre por ejemplo cuando caminas sobre una alfombra. Cuando tus zapatos la frotan y toman electrones de ella se forma una carga estática. Los electrones se dispersan por tu cuerpo, el cual adquiere carga negativa. La alfombra pierde electrones y adquiere carga positiva. La **carga por conducción** es el proceso por medio del cual un objeto neutro adquiere carga eléctrica cuando entra en contacto con un objeto cargado.

La atracción o repulsión de las partículas cargadas ocurre incluso si no se están tocando entre sí. Esto se debe a la existencia de un campo eléctrico, que es la región alrededor de una partícula con carga en la cual una fuerza actúa sobre una carga eléctrica que entró a esa región. En el caso de las cargas positiva y negativa de la figura, se dibujan **líneas de fuerza** para indicar la presencia del campo eléctrico. Cuando dos partículas con carga se aproximan, se altera la dirección de las líneas de fuerza. Si las cargas son desiguales, las líneas de fuerza entre dichas cargas se curvan para formar un puente. Si las dos cargas son iguales, las líneas de fuerza se repelen, así que se curvan alejándose.

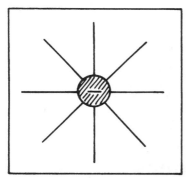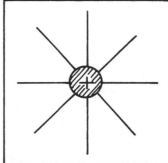

Ejercicios

1. ¿Cuál globo, A o B, tiene carga?

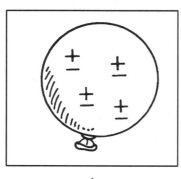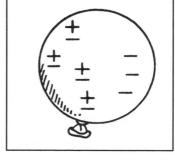

A   B

Estudia las figuras para responder lo siguiente:

2. ¿Qué figura, A o B, representa las líneas de fuerza entre dos cargas iguales?

3. ¿Qué figura, A o B, representa las líneas de fuerza entre dos cargas diferentes?

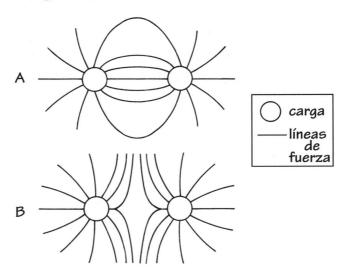

Actividad: NO ME TOQUES

Objetivo   Demostrar la fuerza de repulsión entre los materiales debido a la electricidad estática.

Materiales   cinta adhesiva transparente

Procedimiento

1. Corta una tira de cinta adhesiva de 20 cm (8 pulgadas) aproximadamente.

2. Pega un extremo de la cinta al borde de la mesa de manera que la mayor parte de ésta cuelgue.

3. Toma una segunda tira de cinta adhesiva del mismo tamaño que la anterior.

4. Pega un extremo de la segunda tira de cinta cerca de la cinta que cuelga de la mesa, pero sin tocarla. Observa la posición inmediata de las dos tiras colgantes.

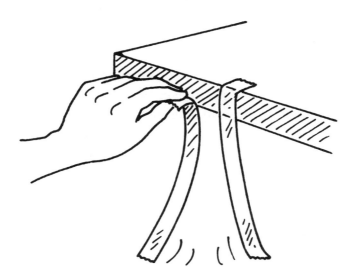

Resultados   Las tiras de cinta adhesiva se separan de inmediato cuando las acercas.

¿Por qué?   Cuando jalas la cinta del rollo, se separan algunos átomos de ésta, lo cual es un ejemplo de carga por fricción. Al separar las caras con adhesivo y sin adhesivo de la cinta, se ganan o se pierden electrones en ésta. Supongamos que la cinta gana electrones y adquiere cargas negativas. Hay una acumulación de cargas negativas en la cinta. Dado que las dos tiras poseen cargas iguales y las cargas iguales se repelen, las cintas se separan.

La acción de rechazo de las tiras de cinta adhesiva es producto de la electricidad estática. Con el tiempo, la carga estática se pierde. La **descarga estática** es la pérdida de electricidad estática. Ocurre cuando las moléculas de aire o, más probablemente, las moléculas de agua contenidas en él, recogen los electrones de las tiras de cinta adhesiva y los transfieren a otros materiales que tocan, y así sucesivamente. Las moléculas de agua están **polarizadas** (poseen un extremo positivo y uno negativo). El extremo positivo atrae y retiene los electrones para llevarlos consigo. Esto explica por qué existe poca electricidad estática cuando la **humedad** (medida de la cantidad de vapor de agua en el aire) es elevada.

La descarga estática de las tiras de cinta fue lenta y silenciosa, aunque en ocasiones la descarga estática es muy rápida y ruidosa, como en el caso de un **relámpago** (descarga estática visible que se produce entre dos nubes cargadas de electricidad o entre una nube y la Tierra) acompañado por un **trueno** (fuerte sonido producido por la expansión del aire que calentó el relámpago).

Soluciones a los ejercicios

1. ¡Piensa!

- Existen dos tipos de cargas: positiva (+) y negativa (−).

- Se dice que un material con un número desigual de cargas positivas y negativas está cargado.

- El globo A posee cuatro cargas positivas y cuatro negativas. El globo B posee cuatro cargas positivas y siete negativas.

- ¿Cuál figura posee un número desigual de cargas positivas y negativas, A o B?

La figura B tiene carga debido a su número desigual de cargas positivas y negativas.

2. ¡Piensa!

- Cuando dos cargas iguales están cerca una de otra, las líneas de fuerza entre ellas se repelen, así que se desvían alejándose de las demás cargas.

- ¿Qué figura, A o B, muestra las líneas de fuerza de cada carga que se desvían alejándose de la carga frente a ella?

La figura B representa la presencia de dos cargas iguales.

3. *¡Piensa!*

* Cuando dos cargas desiguales están cerca, las líneas de fuerza entre ellas se atraen, así que forman un puente.

* ¿Qué figura, A o B, muestra que las líneas de fuerza entre las cargas se desvían formando un puente?

La figura A representa la presencia de dos cargas desiguales.

17

Pasa - no pasa
Electricidad

Lo que necesitas saber

La electricidad es resultado de la presencia de cargas estacionarias o en movimiento. La energía asociada con la electricidad se llama energía eléctrica. Existen dos tipos de electricidad: estática y corriente. La electricidad estática se debe a la acumulación de cargas eléctricas estacionarias. La electricidad corriente se debe al flujo de **electrones libres** (los electrones en algunos sólidos, en particular metales, que no están unidos con tanta fuerza a un solo átomo y pueden moverse con relativa libertad a través del sólido).

Las cargas eléctricas no se acumulan fácilmente en algunos materiales, como los metales, en lugar de eso, estos materiales los conducen con relativa facilidad. Por lo tanto, se les llama **conductores eléctricos.** Los materiales que son buenos conductores de electricidad también transfieren calor con facilidad; en consecuencia, el término conductor se refiere a un material que es conductor de electricidad y de calor. Los conductores presentan una elevada **concentración** (medida de la cantidad de sustancia en un área) de electrones libres. Los metales son buenos conductores, especialmente la plata, el cobre y el aluminio. La tierra también es un buen conductor.

La conducción es el proceso de transferencia de energía eléctrica o de calor de una partícula a otra por medio del choque entre ellas. La **conducción eléctrica** es la transferencia de energía eléctrica a través de un conductor debido al flujo de electrones libres en el material.

Los materiales que son malos conductores de calor y electricidad se llaman aislantes y poseen una concentración baja de electrones libres. Un material se califica como **aislante eléctrico** por su capacidad de restringir el movimiento de cargas a través de él. Los buenos aislantes comprenden hule, vidrio, madera, plástico y aire. Dado que las cargas no se mueven con facilidad a través de un aislante, al contrario de lo que sucede con un conductor, es más factible que las cargas se acumulen en un aislante. Por ejemplo, si frotas un globo de hule en tu cabello, el globo atrapa los electrones de éste. Estos electrones se acumulan en el globo, lo cual hace que dicho objeto tenga carga estática negativa y que el cabello quede con carga estática positiva. Las hebras de tu cabello se rechazan entre sí porque tienen cargas iguales, pero si sostienes el globo con carga negativa cerca de tu pelo sin tocarlo, las hebras de tu pelo se mueven hacia él debido a la atracción entre cargas diferentes. Esta atracción y repulsión entre los objetos con carga es ejemplo de electricidad estática. La carga estática en tu cabello y en el globo finalmente se pierde a través de una descarga estática.

Un material neutro puede polarizarse (tener un extremo positivo y otro negativo debido a la separación de las cargas positiva y negativa) por la cercanía de un objeto cargado. A esto se le denomina **inducción electrostática.** En este proceso, al sostener un objeto cargado cerca de un objeto neutro, pero sin tocarlo, tiene como resultado el reacomodo de las cargas eléctricas en el objeto neutro. Por ejemplo, si el globo con carga negativa vuela cerca de un techo interior, los electrones en la región del techo más cercana al globo con carga son repelidos, lo cual deja a esa región del techo con carga positiva. Esta superficie positiva atrae al globo con carga negativa. Si la electricidad estática es lo suficientemente fuerte para superar la fuerza de atracción hacia abajo de la gravedad, el globo se pegará al techo.

El estudio de la causa, naturaleza, comportamiento y usos de la electricidad estática se denomina **electrostática.** La electricidad estática tiene muchos usos —por ejemplo, las máquinas copiadoras electrostáticas hacen duplicados de material impreso al atraer las partículas de tinta en polvo con carga negativa al papel con carga positiva. Encontramos otro uso de la electricidad estática en algunos limpiadores de aire, los cuales jalan el aire en una habitación hacia un dispositivo y le aplican carga positiva al polvo, humo, polen y cualquier otra partícula. Luego, unas placas colectoras con carga negativa atraen a las partículas positivas, limpiando así el aire.

Ejercicios

Estudia las figuras A, B y C para responder lo siguiente:

1. ¿Qué figura representa un material neutro?

2. ¿Qué figura posee carga estática?

3. ¿Qué figura representa un material polarizado?

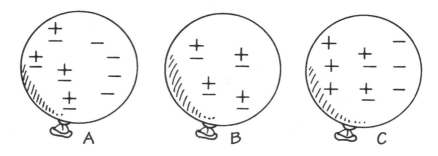

Actividad: QUÉ ATRACTIVO

Objetivo   Demostrar la electricidad estática.

Materiales   hoja blanca tamaño carta
salero con sal
globo redondo de 22.5 cm (9 pulgadas)
bufanda de lana

Procedimiento

1. Dispón el papel sobre una mesa.

2. Rocía una capa delgada de sal en el centro del papel.

3. Infla el globo hasta que tenga el tamaño aproximado de una toronja. Átalo con un nudo.

4. Carga el globo frotándolo hacia adelante y hacia atrás sobre la bufanda cinco o más veces.

5. Sostén el globo cerca de la sal, pero sin tocarla.

Resultados   Las partículas de sal brincan y se pegan al globo.

¿Por qué?   Al frotar el globo con la bufanda haces que los electrones pasen de la bufanda al globo. Al dejar de frotar el globo y separarlo de la bufanda, las cargas eléctricas dejan de fluir. Las cargas eléctricas sobre cada material permanecen estacionarias, de manera que cada objeto posee carga estática. El globo tiene carga negativa. Al sostenerlo cerca de las partículas de sal, hace que éstas se polaricen por inducción electrostática. La sal aún tiene sus cargas positivas y negativas en equilibrio, pero éstas se han separado debido al globo cargado. Los electrones en el lado de la sal que queda frente al globo con carga negativa se repelen, lo cual deja una acumulación de cargas positivas de ese lado. La atracción entre esta superficie positiva y el globo con carga negativa es lo suficientemente fuerte para levantar la sal y hacer que se pegue al globo.

Soluciones a los ejercicios

1. *¡Piensa!*

   • Un material neutro posee un número balanceado de cargas positivas y negativas.

   • ¿Qué figura posee el mismo número de cargas positivas y negativas?

   Las figuras B y C representan un material neutro.

2. *¡Piensa!*

   • Un material con carga estática posee más de un tipo de carga que de la otra.

   • ¿Qué figura posee un número desigual de cargas?

   La figura A representa un material con carga estática.

3. ¡Piensa!

- Un material se polariza cuando posee un número igual de cargas positivas y negativas, pero algunas de estas cargas están separadas.

- ¿Qué figura posee un número igual de cargas positivas y negativas, con un mayor número de cargas positivas de un lado y de cargas negativas del otro?

La figura C representa un material polarizado.

18
Pásame tu energía
Baterías

Lo que necesitas saber

La electricidad corriente es el flujo de cargas eléctricas debido al movimiento de electrones libres en un conductor. El interruptor de luz en una pared está conectado al foco de la lámpara del techo por medio de un alambre conductor. Cuando uno enciende el interruptor, parece como si la lámpara se iluminara de inmediato. Los electrones libres no fluyen por el alambre como el agua que pasa por una tubería, sino que debido al campo eléctrico alrededor de cada electrón libre, el movimiento de éstos en un extremo del conductor ocasiona el movimiento casi instantáneo de todos los electrones libres. Por ejemplo, cuando se mueve un electrón en un conductor, viaja hacia el campo de fuerza del electrón vecino. La fuerza de repulsión entre los dos electrones hace que el electrón vecino se mueva hacia adelante. Dado que existe un campo de fuerza alrededor de todos los electrones, tan pronto como un electrón libre se mueve hacia adelante, las fuerzas de repulsión entre todos los electrones hacen que todos ellos se muevan instantáneamente. Mientras que la velocidad hacia adelante de los electrones libres es de unos 0.00009 m (0.0003 pies) por segundo, la velocidad de la transferencia de energía eléctrica es aproximadamente 30 millones de veces más rápida. **Corriente (I)** es el término que se usa para referirse a la electricidad corriente, y es la medida de la cantidad de carga eléctrica por segundo que pasa por un conductor.

Una **pila eléctrica** es un dispositivo que convierte energía química en energía eléctrica. La combinación de dos o más pilas juntas constituye una **batería,** pero esta palabra es un nombre común para una clase de pilas eléctricas individuales, como la batería de una lámpara de mano. Así pues, en este libro el término *batería* se usa para denominar a las pilas individuales que se usan en las linternas de mano. La energía de las baterías de la lámpara de mano, o de cualquier batería con pilas múltiples, no puede usarse hasta que sus dos **terminales** (puntos donde se hacen las conexiones con un aparato eléctrico) se conectan mediante un conductor, como un alambre de metal. Las pilas poseen dos tipos de terminales: una **terminal positiva** (con carga positiva) y otra **terminal negativa** (con carga negativa).

La pila eléctrica contiene **electrodos** (conductores en una pila que acumulan o ceden electrones) y un **electrólito** (mezcla de sustancias que producen una reacción química en la cual se liberan cargas eléctricas). El cambio de energía química a eléctrica en una pila se debe a la reacción química que tiene lugar entre los electrodos y el electrólito, debido a la cual un electrodo adquiere carga positiva y el otro, negativa. En las pilas comunes para linternas de mano, como las que se emplean en la Actividad de este capítulo, los elementos cinc y carbono actúan como electrodos. El cinc es la lata externa de la pila y forma la terminal negativa. Dentro de la lata de cinc hay una pasta química seca con una barra de carbono en el centro que está conectada con la terminal positiva. Cuando las terminales se conectan por medio de un conductor, las reacciones químicas que se producen en la batería hacen que salgan electrones de la terminal negativa y entren a la positiva. Este tipo de pila se llama **pila seca** porque el electrólito es una pasta química en lugar de líquido, como el de las **pilas húmedas** que se usan en las baterías de los automóviles.

El trayecto que recorren las cargas eléctricas se llama **circuito eléctrico.** La unidad empleada para medir la corriente es el **ampere** o amperio **(A).** Un ampere (1 A) es igual a 6.25×10^{18} cargas eléctricas por segundo. Cuando se conecta un alambre de metal con una batería, los electrones libres en el alambre comienzan a moverse de la terminal negativa a la positiva. Este flujo de electrones se llama corriente eléctrica. A medida que los electrones se mueven, chocan con los átomos del alambre y pierden velocidad. Este efecto de frenado o de disminución de la velocidad se llama **resistencia (R)** (oposición al flujo de la corriente eléctrica) del conductor. El diámetro del alambre determina su resistencia. A menor diámetro, mayor resistencia. La longitud del alambre también afecta esta propiedad. Entre más largo sea el alambre, mayor será la resistencia.

El **volt** o voltio **(V)** es una unidad empleada para medir la energía potencial por carga en una batería. La energía potencial de una batería varía con la diferencia de volts entre las terminales, la cual se llama **diferencia de potencial** o **voltaje,** y es una medida de la cantidad de impulso de las cargas eléctricas. A mayor diferencia de potencial, mayor energía potencial; en consecuencia, mayor es el impulso de los electrones en un circuito. A medida que aumenta la diferencia de potencial, también aumenta la cantidad de corriente que fluye a través de un circuito. Una batería de 1.5 V indica que la diferencia de potencial entre las terminales es de 1.5 volts. Una batería de 6 V posee una diferencia de potencial cuatro veces mayor que la batería de 1.5 V. Cuando se conecta a circuitos eléctricos, la batería de 6 V transmite a las cargas eléctricas un impulso cuatro veces mayor que el que da la batería de 1.5 V. En un circuito con la misma resistencia, una batería con mayor voltaje producirá una corriente mayor que otra con un voltaje menor.

Ejercicios

1. ¿Cuál de las figuras de una pelota que cae, A o B, representa correctamente la diferencia de energía potencial entre una batería de 6 V y otra de 12 V?

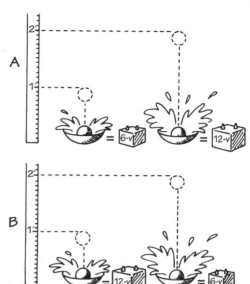

2. ¿Cuál figura, A o B, representa de forma adecuada el efecto que tiene la longitud del alambre en la resistencia al flujo de corriente?

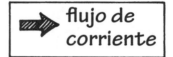

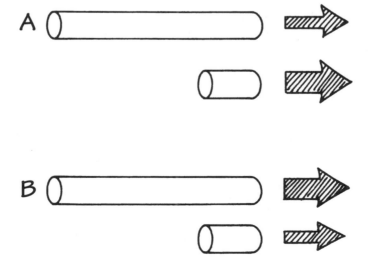

Actividad: LUZ POR UN HILO

Objetivo   Comparar la energía eléctrica de las baterías con diferentes voltajes.

Materiales   tira de papel aluminio de 5 × 45 cm (2 × 18 pulgadas)
masking tape de 2.5 cm (1 pulgada) de ancho
tijeras
foco para linterna de mano con base de rosca
pinza para ropa
2 baterías de pila seca tamaño D (1.5 V)

Procedimiento

Precaución: usa sólo baterías de 1.5 V, y no emplees más de dos de ellas, ya que una cantidad mayor podría causar una cantidad de corriente peligrosa.

1. Toma la tira de papel aluminio y sobre ella pega una tira de 45 cm (18 pulgadas) de masking tape.

2. Recorta los bordes de la cinta masking tape y luego dobla a la mitad la tira con el lado del masking tape hacia adentro. Marca bien el doblez.

3. Envuelve bien la parte de rosca del foco con un extremo de la tira de papel aluminio. Asegúralo con la pinza para ropa.

4. Sostén el lado plano de la terminal negativa de una de las baterías sobre el extremo libre de la tira de aluminio, de manera que toque el lado del aluminio.

5. Aprieta bien la pinza de ropa contra la base del foco al mismo tiempo que presionas la base metálica de éste contra la terminal elevada positiva de la batería. Observa el grado de brillantez del foco.

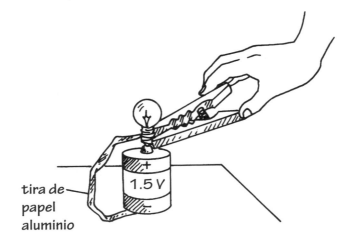

tira de
papel
aluminio

6. Levanta el foco de la parte superior de la batería. Luego, coloca la segunda pila sobre la primera. La terminal positiva de una batería debe tocar la terminal negativa de la otra.

7. Utilizando las baterías combinadas, repite el paso 5.

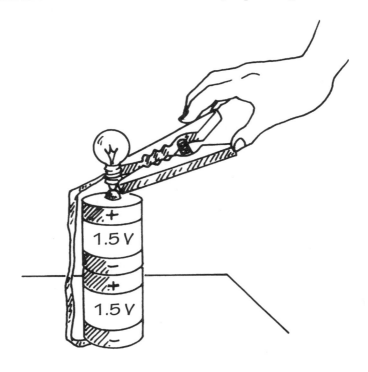

Resultados   El foco brilla más cuando se usa la columna de dos baterías.

¿Por qué?   La combinación de las baterías para la lámpara de mano, con el extremo positivo de una tocando el extremo negativo de la otra, crea una batería con una terminal positiva y otra negativa. Se suman los voltajes de cada pila, así que la nueva batería es de 3 V. Una batería de 3 V posee una diferencia de potencial del doble que una batería de 1.5 V. Cuando se conectan a los circuitos eléctricos, las baterías combinadas con 3 V proporcionan a las cargas eléctricas del circuito un impulso del doble del que proporciona la batería de 1.5 V. De este modo, fluye más corriente (cargas por segundo) a través del foco o bombilla, lo que ocasiona que el **filamento** (alambre conductor de diámetro pequeño casi siempre de tungsteno que se pone incandescente cuando lo atraviesa la corriente) se caliente. Entre más se calienta el filamento en el foco, más brillante es la luz que emite. Los focos de las linternas de mano son ejemplos de una **lámpara incandescente,** que es un foco que produce luz mediante el calentamiento de un filamento a temperatura elevada.

Soluciones a los ejercicios

1. ¡Piensa!

- La energía potencial de dos pelotas que se dejan caer desde alturas diferentes se compara con baterías con voltajes diferentes.

- Entre más alta esté la pelota, mayor será su energía potencial.

- El voltaje de una batería indica la diferencia de potencial entre las terminales de las baterías.

- Entre mayor sea la diferencia de potencial, mayor será la energía potencial almacenada en la batería.

- ¿Qué figura pertenece a la pelota con menor energía potencial con una batería de 6 V y la pelota con mayor energía potencial con la batería de 12 V?

La figura A representa la diferencia de energía potencial entre las dos baterías.

2. ¡Piensa!

- Los alambres poseen el mismo diámetro, pero diferentes longitudes.

- Un alambre más largo posee mayor resistencia al flujo de corriente porque hay más átomos para que los electrones libres choquen con ellos y pierdan velocidad.

La figura A representa un aumento en la resistencia al flujo de corriente a medida que aumenta la longitud del alambre.

19
¡Pégate bien!
Energía potencial magnética

Lo que necesitas saber

Los **imanes** son objetos hechos de material magnético que producen un **campo magnético** (región en torno a un imán donde su fuerza magnética atrae otros materiales magnéticos). Los imanes atraen el **material magnético** que se emplea para hacer imanes. La **fuerza magnética** es la fuerza de atracción (los objetos se acercan) o repulsión (los objetos se separan) entre dos imanes, o la fuerza de atracción entre el imán y el material magnético. Por ejemplo, un imán puede usarse para recoger los clips metálicos de papel porque están hechos de material magnético. La fuerza de atracción entre los clips de metal y el imán hace que los clips se peguen a éste.

El **magnetismo** describe todos los efectos de un campo magnético, entre ellos la energía potencial magnética. La energía potencial es la capacidad de un objeto para realizar trabajo debido a su posición. La energía de un objeto que tiene la capacidad de realizar trabajo debido a su posición en un campo magnético se llama energía potencial magnética. Los objetos se mueven en la dirección que reduce su energía potencial magnética. Por ejemplo, un clip metálico que sostienes cerca de un imán, pero sin tocarlo, posee energía potencial magnética. Cuando lo sueltas, el clip se moverá hacia el imán, lo cual reduce su energía potencial magnética.

Todos los imanes, sin importar su forma o tamaño, poseen dos regiones donde su fuerza magnética es más potente. Estas regiones se llaman **polos magnéticos.** A uno de ellos se le identifica como polo norte y al otro como polo sur. La **ley de los polos magnéticos** establece que los polos iguales de un imán (norte-norte o sur-sur) se repelen entre sí y que los polos diferentes del imán (norte-sur) se atraen.

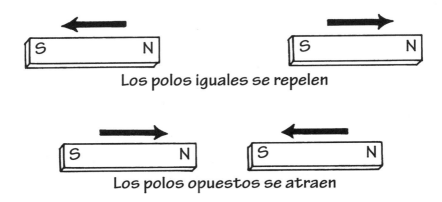

Los polos iguales se repelen

Los polos opuestos se atraen

Los materiales magnéticos más comunes son el hierro y sus **aleaciones** (material que se fabrica mezclando dos o más elementos, en el cual al menos uno de ellos es un metal). El acero es una aleación metálica hecha de hierro y carbono. Aunque todos los imanes se hacen con material magnético, no todos los materiales magnéticos son imanes. Esto significa que el material magnético en un imán se **magnetiza** (se hace que tenga un campo magnético), pero si el material magnético no es un imán, **está desmagnetizado** (carece de un campo magnético). El magnetismo es producto de los electrones en rotación. Los electrones giran sobre su propio eje a medida que se mueven alrededor del núcleo del átomo. Esta rotación produce un campo magnético en torno al electrón. Todos los electrones son como diminutos imanes con un polo norte y un polo sur, pero no todos los electrones giran en la misma dirección; la mayoría forman pares con un compañero que gira en el sentido opuesto. Por lo tanto, sus campos magnéticos son opuestos y se cancelan entre sí. En los **materiales no magnéticos** todos los electrones de los átomos forman pares.

En los átomos de los materiales magnéticos algunos electrones no forman pares, lo cual le proporciona al átomo en conjunto un campo magnético. Un grupo de estos átomos con un campo magnético único alrededor de ellos forma un **dominio magnético.** Cada dominio actúa como un imán microscópico dentro del material magnético. Cuando este tipo de material se magnetiza, la mayoría de sus dominios se alinean en la misma dirección. Los campos combinados de estos dominios producen el campo magnético en torno al objeto que se conoce como imán. Los dominios de los materiales magnéticos desmagnetizados no se alinean, sino que señalan en muchas direcciones diferentes, lo que hace que sus campos se cancelen entre sí, de manera muy parecida a la que se presenta cuando algunas cargas positivas y negativas se cancelan cuando se suman.

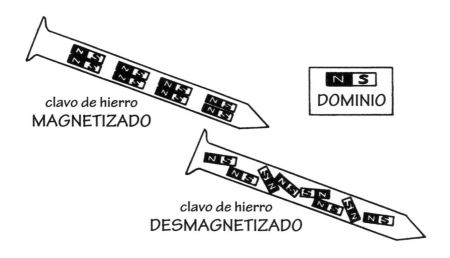

clavo de hierro
MAGNETIZADO

N S
DOMINIO

clavo de hierro
DESMAGNETIZADO

Ejercicios

1. ¿Cuál figura, A o B, representa los electrones que se encuentran en el material magnético?

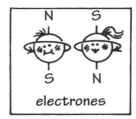

A   electrón que no forma un par

electrones

B   electrones que forman un par

2. ¿Qué figura, A o B, muestra un clavo de hierro magnetizado?

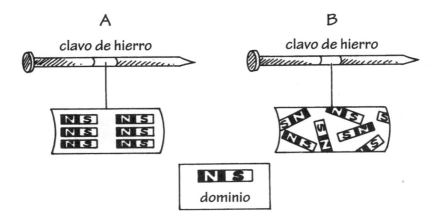

Actividad: EL MÁS FUERTE

Objetivo Demostrar el efecto de la energía potencial magnética.

Materiales 30 cm (12 pulgadas) de cordón
clip para papel
cinta adhesiva transparente
5 o más libros
imán en barra
tijeras

Procedimiento

1. Ata el cordón al clip.

2. Pega con cinta adhesiva el extremo libre del cordón a una mesa.

3. Con la mano, sostén el clip y levántalo sobre la mesa hasta que el cordón esté tenso.

4. Suelta el clip y observa su movimiento.

5. Apila los libros sobre la mesa. Coloca el imán de manera que uno de sus extremos sobresalga del borde del libro hasta arriba. Coloca los libros y el imán de manera que éste se encuentre sobre el clip.

6. Toca el extremo del clip bajo el extremo del imán, luego, jala despacio el extremo del cordón hasta que el clip esté suspendido en el aire y un poco separado del imán.

7. Con el clip suspendido y separado del imán, corta el cordón y observa el movimiento del clip.

Resultados Sin el imán, cuando uno levanta el clip, éste cae a la mesa al soltarlo. Cuando el clip está suspendido, pero separado del imán, y cortamos el hilo, el clip se mueve hacia el imán.

¿Por qué? Al levantar el clip con la mano, posee energía potencial gravitacional debido a su posición en el campo de fuerza gravitacional de la Tierra. Si la mesa es el punto de referencia, entonces la energía potencial gravitacional depende de qué tan alto levantemos el clip con respecto a ésta. Cuando un objeto con energía potencial gravitacional se mueve libremente, la fuerza de gravedad que actúa sobre él hace que se desplace hacia el centro de la Tierra. Así pues, cuando sueltas el clip, éste se mueve en la dirección que reduce su energía potencial, es decir, hacia la mesa. La energía potencial gravitacional del clip (energía almacenada) se transformó en energía cinética (energía del movimiento). Observa que el clip se mueve en la dirección de la fuerza que actúa sobre él.

Cuando la fuerza magnética del imán sostiene al clip elevado sobre la mesa, éste posee dos tipos de energía potencial: una es la energía potencial gravitacional debida a su posición elevada con respecto a la mesa, y la otra es la energía potencial magnética debida a su posición en el campo de fuerza magnética alrededor del imán. Dado que la fuerza magnética está dirigida hacia el imán, las dos fuerzas que actúan sobre el clip tienen sentidos opuestos. Al cortar el cordón, el clip se movió hacia arriba, hacia el imán, que era la dirección de la mayor fuerza. Este movimiento hizo que la energía potencial magnética del clip se redujera y que su energía potencial gravitacional aumentara. La energía potencial magnética del clip se transformó en energía cinética.

Soluciones a los ejercicios

1. *¡Piensa!*

- Los electrones de todos los átomos giran en torno a su propio eje.
- Algunos electrones giran en el sentido de las manecillas del reloj y otros en sentido contrario a éstas.
- Un electrón característico forma un par con un electrón con giro opuesto.
- Los materiales magnéticos poseen electrones que no forman pares.
- ¿Qué figura muestra un electrón que no forma un par?

La figura A representa un electrón que no forma par, el cual se encuentra en el material magnético.

2. *¡Piensa!*

- El hierro es un material magnético.
- Los materiales magnéticos contienen dominios.
- Cuando se magnetizan, los dominios de los materiales magnéticos se alinean.
- ¿Qué figura representa los dominios alineados?

La figura A representa el hierro magnetizado.

20

¡Qué transformación!

Energía química

Lo que necesitas saber

La energía potencial se debe a la fuerza de atracción o repulsión que ejercen entre sí los objetos o sus partes. Los átomos están hechos de partículas con carga (electrones con carga negativa y núcleos con carga positiva) que se atraen y se repelen entre sí. Dado que las cargas opuestas se atraen, los electrones con carga negativa y los núcleos con carga positiva de los átomos se atraen. No obstante, dado que las cargas iguales se repelen, los electrones repelen a otros electrones y los núcleos atómicos repelen a otros núcleos atómicos.

Los enlaces químicos son las fuerzas de atracción entre los átomos que permiten al grupo actuar como una unidad. En la

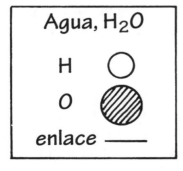

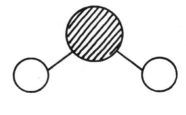

figura, las líneas rectas representan los enlaces entre los átomos de una molécula de agua. En realidad no existe una unión física entre los átomos, sólo una fuerza de atracción debida a las diferencias en las partículas con carga de éstos.

La energía potencial que poseen las sustancias debido a sus enlaces se llama **energía potencial química** o simplemente **energía química.** Durante una reacción química, una o más sustancias llamadas reactivos se convierten en una o más sustancias nuevas llamadas productos. Los cambios durante una reacción química se deben al rompimiento y la formación de los enlaces químicos, lo cual provoca cambios en la energía potencial química.

En las **reacciones exotérmicas,** la energía potencial de los reactivos es menor que la de los productos. La diferencia de energía no se destruye, sino que se transforma de energía química de los enlaces de los reactivos en energía calorífica como producto. Los productos de una reacción exotérmica están más calientes que los reactivos. Si la reacción se lleva a cabo en un recipiente, la temperatura de la mezcla se elevará debido al calor liberado. La siguiente ecuación representa una reacción exotérmica:

$$A + B \rightarrow C + D + \text{energía}$$

Las letras del lado izquierdo de la flecha, A y B, representan los reactivos, y las de la derecha, C y D, representan los productos. La energía también es un producto. Un ejemplo de reacción exotérmica es cuando se quema la gasolina en el motor de un auto. La energía calorífica que se produce se usa para mover al vehículo.

En las **reacciones endotérmicas,** la energía potencial de los productos es mayor que la de los reactivos. La energía no se crea, en lugar de ello, la energía, como la calorífica, se utiliza y se transforma en energía de enlaces químicos. Los productos de una reacción endotérmica están más fríos que los reactivos. Si la reacción ocurre en un recipiente, la temperatura de la mezcla se reduciría debido al calor que se utiliza para formar los enlaces. En consecuencia, en una reacción endotérmica, la energía es un reactivo. La siguiente ecuación representa una reacción endotérmica:

A + B + energía → C + D

Un ejemplo de reacción endotérmica en las plantas verdes es la reacción química llamada **fotosíntesis,** en la cual, en presencia de luz, las plantas convierten el bióxido de carbono y el agua en **glucosa** (azúcar) y oxígeno. Unas moléculas especializadas de la planta, llamadas **clorofila,** absorben la energía de la luz. Los productos, glucosa y oxígeno, poseen más energía potencial que los reactivos, bióxido de carbono y agua.

La ley de conservación de la energía también se aplica para las reacciones químicas. Esta ley establece que, bajo condiciones normales, la energía no se crea ni se destruye, sino que sólo se transforma de una forma en otra. Si se obtiene energía calorífica como producto de una reacción química, ésta no fue creada, sino que proviene de la energía almacenada en los reactivos. De igual manera, si la energía química del producto es menor que la de los reactivos, no es que se haya destruido, sino que se transformó en otro tipo de energía. La ley de conservación de la masa también se aplica a las reacciones químicas. Esta ley establece que la masa total de los reactivos en una reacción química es igual a la masa total de los productos: se rompen los enlaces entre los átomos que constituyen los reactivos y se forman productos con enlaces entre diferentes combinaciones de los mismos átomos.

Es frecuente que la energía química se convierta en calorífica, pero también puede convertirse en otras clases de energía. Por ejemplo, cuando algo se **quema,** que no es sino la combinación de una sustancia con el oxígeno, por lo general se liberan calor y energía luminosa. De igual manera, la electricidad es el resultado de algunas reacciones químicas. Por ejemplo, las reacciones químicas en una batería generan energía eléctrica.

Ejercicios

1. ¿Qué figura, A o B, representa una reacción endotérmica?

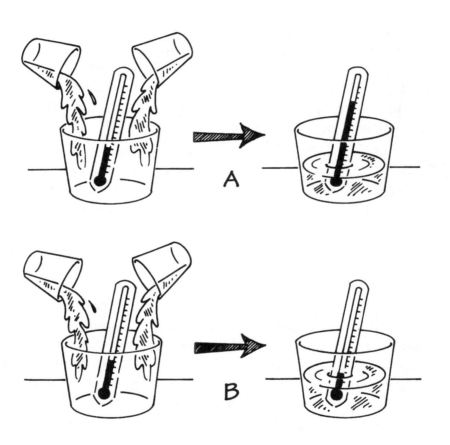

2. ¿Cuál ecuación, A o B, representa la reacción química llamada fotosíntesis?

   A. Bióxido de carbono + agua + energía (luz) → glucosa + oxígeno

   B. Bióxido de carbono + agua → glucosa + oxígeno + energía (luz)

3. ¿Qué figura, A o B, representa la ley de conservación de la masa?

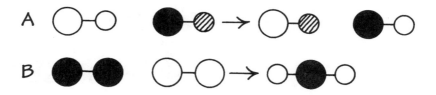

Actividad: ABRACADABRA

Objetivo   Demostrar una reacción endotérmica.

Materiales   ½ taza (125 ml) de vinagre
frasco de 1 litro (¼ de galón) de capacidad
termómetro
2 cucharadas (30 ml) de bicarbonato de sodio

Procedimiento

1. Vierte el vinagre en el frasco.

2. Coloca el termómetro en el frasco.

3. Después de dos minutos o más, anota la lectura del termómetro.

4. Con el termómetro dentro del frasco, añade el bicarbonato.

5. Observa el termómetro y determina si la lectura del termómetro aumentó o disminuyó.

Resultados   La temperatura de la mezcla disminuyó.

¿Por qué?   Antes de añadir el bicarbonato al vinagre, ambos están a temperatura ambiente más o menos. Al mezclar las dos sustancias ocurre una reacción química, que da como resultado productos que incluyen un gas. La formación de espuma indica la producción de gas. La temperatura de la mezcla disminuye, lo cual indica que la mezcla pierde energía calorífica. Por lo tanto, la reacción es endotérmica, pues parte de la energía se absorbe y se almacena como energía potencial en los enlaces químicos.

Soluciones a los ejercicios

1. *¡Piensa!*

- Las reacciones endotérmicas absorben energía y la transforman en energía potencial.

- Los productos de una reacción endotérmica están más fríos que los reactivos.

- ¿Qué figura muestra una reducción en la temperatura?

La figura B representa una reacción endotérmica.

2. *¡Piensa!*

- La fotosíntesis es una reacción endotérmica que tiene lugar en las plantas.

- Las ecuaciones para las reacciones endotérmicas muestran que la energía se combina con los reactivos, que se encuentran del lado izquierdo de la flecha.

- La energía absorbida durante la fotosíntesis proviene de la energía luminosa.

- ¿Qué ecuación muestra energía solar combinada con los reactivos?

La ecuación A representa la fotosíntesis.

3. *¡Piensa!*

- La ley de conservación de la masa establece que en una reacción química la masa no se crea ni se destruye.

- En una reacción química, la masa se conserva debido a que el número y tipo de átomos que forman los reactivos son los mismos que constituyen los productos.

- ¿Qué figura representa el mismo número y tipo de átomos para reactivos y productos?

La figura A representa la ley de conservación de la masa.

21
Transmutación
Energía nuclear

Lo que necesitas saber

Una reacción nuclear (cambios en el núcleo de un átomo) se asemeja a una reacción química en que los reactivos cambian, formando nuevos productos. Las reacciones también se semejan en cuanto a que el número de nucleones (partículas nucleares, ya sea neutrones o protones) se conserva, lo cual significa que el número de nucleones en los reactivos es igual al número de nucleones en los productos. Pero las reacciones difieren por el hecho de que en las reacciones nucleares ocurre una **transmutación** (la transformación de un átomo en otro como resultado de los cambios en el núcleo).

La desintegración radiactiva, la fisión y la fusión son tres reacciones nucleares comunes en las cuales tiene lugar una transmutación. Durante la **desintegración radiactiva,** un núcleo inestable (con probabilidad de cambiar) emite **espontáneamente** (que ocurre por impulso propio) radiación de alta energía que se conoce como **rayos nucleares** y forma un nuevo elemento. Si este nuevo elemento también es inestable, también se desintegra. Esta descomposición espontánea continúa hasta que se forma un núcleo **estable** (sin probabilidad de cambiar). Los núcleos de los **elementos radiactivos** experimentan desintegración radiactiva. El tiempo que se requiere para que se desintegre la mitad de la masa del elemento radiactivo se llama **vida media.** Después de una vida media, la mitad de los átomos de la muestra son los átomos del reactivo (el elemento radiactivo original) y la otra mitad son átomos del producto de desintegración (el nuevo elemento). La figura muestra dos vidas medias de un elemento radiactivo. Durante la **fisión nuclear,** un núcleo grande es bombardeado por un neutrón, lo cual hace que el núcleo lance tres neutrones cuando se divide en dos partes casi iguales. Durante la **fusión nuclear** se combinan núcleos pequeños para formar uno grande.

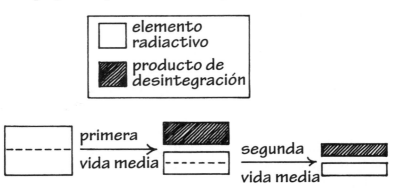

Otra diferencia entre las reacciones químicas y las reacciones nucleares es que no se conserva la masa de los nucleones. La ley de conservación de la masa y la energía establece que la cantidad combinada de masa y energía en el universo no cambia. De manera que la masa y la energía totales son las mismas, y cualquier disminución en la masa hace que aumente la energía y viceversa. En las reacciones nucleares hay cambios en la masa de los nucleones, y esta masa se transforma en **energía nuclear** (la energía que se libera durante una reacción nuclear). Albert Einstein (1879-1955), el físico estadounidense nacido en Alemania, determinó la manera de calcular la cantidad de energía que se produce cuando la masa se transforma en energía. La ecuación que usó es conocida ahora como **ecuación de Einstein,** ésta es:

$$E = \Delta mc^2$$

En la ecuación de Einstein, E es la energía nuclear que se produce; el signo delta (Δ) indica un cambio en el factor que le sigue, así que Δm significa un cambio en la masa, y c es la velocidad de la luz, la cual es de 300,000 kilómetros (186,000 millas) por segundo.

El calor de las reacciones de fisión se aprovecha en los **reactores nucleares** (dispositivos para convertir la energía nuclear en formas útiles de energía) para calentar agua y generar vapor, el cual se emplea para producir electricidad.

Ejercicios

1. Los elementos radiactivos se emplean para calcular la edad de rocas y fósiles. Usa la tabla de datos del carbono 14 para determinar la edad de un fósil que contiene 10 gramos de carbono 14 (C-14) y 10 gramos de nitrógeno 14 (N-14).

Elemento radiactivo	Producto de desintegración	Vida media estimada
carbono 14 (C-14)	nitrógeno 14 (N-14)	5730 años

2. Utiliza la gráfica de barras que muestra la desintegración radiactiva de 100 gramos de uranio 238 (U-238) para responder las siguientes preguntas:

a. ¿Cuál es la vida media del U-238?

b. Si una roca contiene 100 gramos de U-238, ¿cuántos gramos de U-238 quedarían en la roca después de 9000 millones de años?

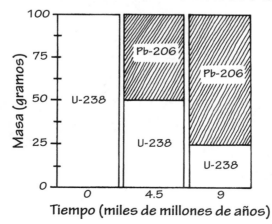

DESINTEGRACIÓN RADIACTIVA DEL U-238

Actividad: VIDA MEDIA

Objetivo   Hacer un modelo de la desintegración radiactiva.

Materiales   tazón grande
tijeras
hoja tamaño carta blanca

Procedimiento

1. Coloca el tazón sobre una mesa.

2. Cuenta cinco segundos diciendo lentamente: mil uno, mil dos, etcétera, mientras cortas el papel a la mitad. Es necesario que calcules la línea que lo divide a la mitad.

3. Deja una de las mitades de papel en el tazón. Conserva la otra mitad y repite el paso 2.

4. Vuelve a repetir los pasos 2 y 3 seis veces o hasta que el papel sea demasiado pequeño para cortarlo sin problemas.

5. Para determinar el número de vidas medias que representa, cuenta el número de pedazos de papel en el tazón.

Resultados   El papel se dividió siete o más veces.

¿Por qué?   El tiempo que tarda la mitad de un elemento radiactivo en cambiar a otro elemento estable es lo que se llama vida media. La vida media en esta actividad es de cinco segundos. Al transcurrir cinco segundos pusiste la mitad del papel en el tazón para demostrar que la mitad del material radiactivo se había desintegrado para producir un material estable. Después de otros cinco segundos, colocaste la mitad del papel que quedaba en el tazón. A medida que pasaba el tiempo, la cantidad de material en el tazón fue aumentando y la cantidad fuera de él se redujo, de la misma manera que los elementos radiactivos disminuyen finalmente. Aunque la vida media en esta actividad fue de cinco segundos, las vidas medias de algunos elementos radiactivos son mucho más cortas, mientras que otras son de horas, días, años o incluso miles de millones de años.

Soluciones a los ejercicios

1. *¡Piensa!*

   - ¿Cómo es la masa del C-14 comparada con la del N-14? Sus masas son iguales.

   - Cuando un elemento radiactivo tiene la misma masa que su producto de desintegración significa que ha transcurrido un periodo de tiempo igual a una vida media.

   - ¿Cuál es la vida media del C-14?

   El fósil tendría cerca de 5730 años.

2a. *¡Piensa!*

   - ¿Qué periodo de tiempo indica que se desintegró la mitad del U-238?

   La vida media del U-238 es de 4500 millones de años.

b.   *¡Piensa!*

- Localiza la barra que está sobre los 9000 millones de años y coloca tu dedo en la línea sobre la sección del U-238 de la barra.

- Mueve tu dedo hacia la izquierda hasta que toque la escala de masa de la gráfica. ¿Qué lectura de masa toca tu dedo?

Quedarían 25 gramos de U-238 en la roca después de 9000 millones de años.

22

¡Se agotan!

Recursos energéticos no renovables

Lo que necesitas saber

Los **recursos** son todos los materiales y propiedades naturales de la Tierra que ayudan a sostener la vida y a satisfacer las necesidades de la gente. Los materiales disponibles en la naturaleza para producir energía se llaman **recursos energéticos naturales.** Si el recurso se puede volver a usar, lo cual significa que se **recicla,** como el agua y el aire, se llama **recurso energético renovable.** Los recursos que sólo pueden emplearse una vez, lo cual significa que no son reciclables, como los combustibles fósiles, se llaman **recursos energéticos no renovables.**

El término **combustible** generalmente se limita a aquellas sustancias que pueden quemarse. El carbón, el petróleo y el gas natural se conocen como **combustibles fósiles** (material rico en energía formado a partir de organismos prehistóricos enterrados hace mucho tiempo). Estos materiales poseen un alto contenido de carbono y se queman con facilidad. Gran parte del carbón que se usa en la actualidad se quema para producir electricidad. El proceso básico de conversión de carbón a electricidad es: (1) el carbón, que tiene energía potencial química, se quema y produce energía térmica; (2) la energía térmica se emplea para calentar agua, la cual produce vapor; (3) el vapor hace girar las turbinas (dispositivos semejantes a un ventilador) en los generadores de las plantas de energía eléctrica; (4) los generadores convierten la energía mecánica cinética de las turbinas en electricidad.

Los combustibles fósiles podrían considerarse como una forma de luz solar enterrada, ya que la energía potencial química almacenada en estos combustibles proviene de la energía solar. A través de la fotosíntesis, las plantas aprovechan la energía solar para producir glucosa, la cual se considera como la fuente básica de energía en todos los organismos. Las plantas usan gran parte de la glucosa como fuente de energía, y la glucosa sobrante se convierte en otras sustancias, como almidón para su almacenamiento. Los animales comen plantas y nuevamente transforman los compuestos almacenados en glucosa, la cual se usa en un proceso de producción de energía llamado respiración. Los combustibles fósiles son los restos químicos de los animales y plantas que sobrevivieron gracias a la fotosíntesis hace millones de años. Cuando se quema, la energía potencial química de los combustibles fósiles se transforma en otras formas de energía, como luminosa y calorífica. Así pues, la energía liberada al quemar los combustibles fósiles originalmente fue captada a partir de la luz solar durante la fotosíntesis. Por lo tanto, puede decirse que toda la vida en la Tierra depende, ya sea de manera directa o indirecta, de la fotosíntesis como fuente de energía, lo cual la convierte en uno de los procesos más importantes de producción de energía química.

La energía de los combustibles fósiles al igual que la energía química son ejemplo de energía potencial, la cual es comparable a la energía potencial almacenada en un resorte comprimido. El carbón es un combustible fósil que contiene energía química almacenada en los enlaces entre los átomos de carbono. En el diagrama de la siguiente página se compara la energía química del carbón con la energía almacenada en un resorte comprimido. Al soltar el resorte, la espiral se separa rápidamente y éste regresa a un estado de menor energía y más estable (sin probabilidad de cambiar). La energía almacenada en el resorte comprimido es liberada durante este proceso, del mismo modo que la energía del carbón es liberada cuando éste se quema.

De igual manera, la energía solar se almacena indirectamente en los compuestos químicos que constituyen los combustibles fósiles. Al quemar estos combustibles, los átomos se reacomodan para formar estructuras más estables, y parte de la energía almacenada se libera en forma de calor y luz.

Los combustibles fósiles no son renovables. Las reservas de éstos son limitadas por varias razones, entre ellas el hecho de que se requirieron millones de años para que se formaran. Se cree que ya no existen las condiciones para la formación de los combustibles fósiles, pero, dado que el proceso es tan lento, nadie puede observar ni identificar las diferentes etapas de su formación.

Ejercicios

Usa los diagramas A, B y C para contestar las siguientes preguntas:

1. ¿Cuál diagrama, A, B o C, representa la energía almacenada en los combustibles fósiles?

2. ¿Cuál diagrama, A, B o C, representa la energía que se libera cuando se quema un combustible fósil?

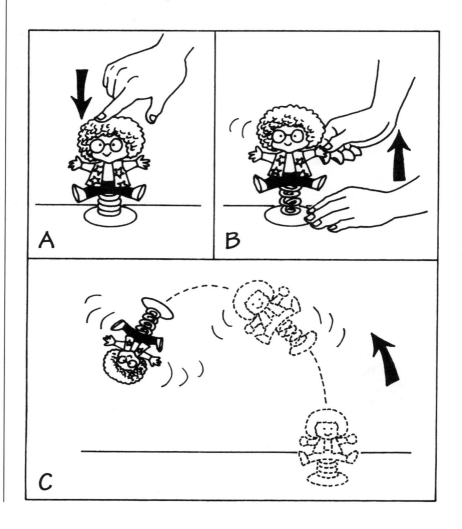

Actividad: MÁS LIGERO QUE EL AIRE

Objetivo Demostrar cómo tiende a elevarse el gas natural.

Materiales ¼ de taza (63 ml) de agua
botella de plástico de 250 ml (½ pinta) vacía, puede
ser una botella de agua
¼ de taza (63 ml) de aceite de cocina
1 tableta efervescente, como Alka-Seltzer
globo redondo de 22.5 cm (9 pulgadas)

Procedimiento

1. Vacía el agua en la botella.

2. Vacía el aceite en la botella.

3. Parte la tableta efervescente a la mitad y deja caer los dos pedazos en la botella. De inmediato, estira la boca del globo sobre la abertura de la botella.

4. Observa el contenido de la botella y del globo.

Resultados El gas producido en el agua sube a través del aceite e infla el globo de manera parcial.

¿Por qué? El petróleo y el gas natural se formaron a partir de organismos prehistóricos que vivieron en el océano hace millones de años. Las partes de estos organismos que se acumularon en el piso del océano se fueron enterrando lentamente y quedaron comprimidas bajo capas de sedimento. El calor y la presión transformaron el **sedimento** (partículas de roca transportadas y depositadas por el agua, el viento y los glaciares) en rocas, y los restos de los organismos en petróleo y gas natural.

En las áreas con roca **porosa** (es decir, que tiene hoyos), el petróleo y el gas llenaron poco a poco los diminutos agujeros de la roca. Los **geólogos** (científicos que estudian la Tierra) llaman **roca reservorio** a este tipo de piedra porque en ella se acumularon petróleo y gas. Dado que en general los agujeros de la roca reservorio estaban llenos de agua, el petróleo y el gas, que son menos densos y que son insolubles en agua, se movieron hacia arriba a través del agua que había en la roca. Cuando el petróleo y el gas llegaron a una roca **no porosa** (sin hoyos) como la pizarra, se acumularon debajo de ella. El gas natural en general se encuentra en yacimientos por encima del petróleo, ya que es menos denso que este último, como pudiste ver con el experimento. En este experimento se acumula suficiente gas sobre el aceite para poder inflar el globo parcialmente.

Soluciones a los ejercicios

1. ¡Piensa!

- Los combustibles fósiles contienen energía almacenada en la forma de energía química. Esta energía puede compararse con un resorte comprimido ya que ambos poseen energía potencial (energía que se debe a la posición o condición de un objeto).

- ¿Cuál diagrama muestra un resorte comprimido?

El diagrama A representa la energía almacenada en los combustibles fósiles.

2. *¡Piensa!*

- Cuando se quema un combustible fósil, parte de la energía química almacenada se libera en forma de calor y luz.

- Al soltar el resorte, la espiral se separa con rapidez y la energía almacenada en la parte comprimida se libera rápidamente durante el proceso. Esto es semejante a la manera en que se libera la energía cuando se queman los combustibles fósiles.

- ¿Cuál diagrama, A, B o C, muestra un resorte comprimido que se suelta?

El diagrama C representa la liberación de energía cuando se quema un combustible fósil.

23

Se reciclan

Recursos energéticos renovables

Lo que necesitas saber

Los recursos energéticos reciclables (que pueden volver a usarse) como el aire y el agua, o reemplazables como las plantas y animales, se conocen como renovables. Las plantas y animales son una fuente de energía química (alimentos) que usa nuestro cuerpo para crecer y cambiar. Son renovables porque pueden **reproducirse** (generar nuevos organismos como ellos).

El agua puede usarse una y otra vez debido al proceso natural llamado **ciclo del agua** (intercambio continuo de agua entre el océano, la tierra, las plantas y la atmósfera). Existen dos cambios básicos en el ciclo del agua. Uno es la **evaporación,** que es el proceso por el cual un líquido se convierte en gas como resultado del calentamiento. El segundo cambio es la **condensación,** el proceso por el cual el gas cambia a líquido como resultado del enfriamiento. En el ciclo del agua, este líquido se evapora de la Tierra, se condensa en la atmósfera y cae como **precipitación** (la caída del agua en forma de lluvia, granizo, nieve o aguanieve). Una manera en la que se emplea el agua como fuente de energía es al generar **energía hidroeléctrica,** la cual es energía eléctrica producida por la caída del agua y un **generador** (una máquina que transforma la energía natural, como las corrientes de agua o de viento, en electricidad).

El aire en movimiento, a lo que comúnmente llamamos **viento,** proporciona la energía para hacer girar máquinas como los **molinos de viento** (máquinas que convierten el viento en energía útil). Los gases del aire, como el bióxido de carbono y el oxígeno, proporcionan energía química. Las plantas utilizan el bióxido de carbono en el proceso llamado fotosíntesis para producir alimento en la forma de una molécula de azúcar llamada glucosa, así como oxígeno. Animales y plantas emplean el oxígeno en el proceso llamado **respiración** para convertir la comida en energía y liberar bióxido de carbono hacia la atmósfera. Las plantas y los animales dependen de la glucosa como fuente de energía, pero los animales son incapaces de producirla y para obtenerla comen plantas. Asimismo, el oxígeno que respiramos es liberado durante la fotosíntesis. De este modo, las personas y los animales dependemos de las plantas para obtener glucosa y oxígeno. El intercambio de oxígeno y bióxido de carbono entre plantas y animales se llama **ciclo del bióxido de carbono-oxígeno.** Lo mismo que el ciclo del agua, los átomos que participan en este ciclo se separan y recombinan de manera continua, así que se usan una y otra vez.

Ciclo del bióxido de carbono-oxígeno

Ejercicios

1. Estudia los diagramas de la página 175 para responder lo siguiente:

    a. ¿Cuántos de los diagramas, A, B, C y D, representan la respiración?

b. ¿Cuántos de los diagramas, A, B, C y D, representan la fotosíntesis?

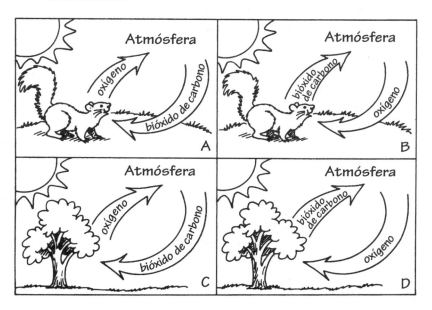

2. En el diagrama abajo, ¿cuál de las cuatro flechas, 1, 2, 3 y 4, representa el ciclo del bióxido de carbono-oxígeno?

Actividad: VIDA INDEPENDIENTE

Objetivo   Demostrar que las plantas pueden reciclar el material necesario para alimento y energía.

Materiales   ½ taza (125 ml) de grava pequeña
frasco de plástico de 1 litro (¼ de galón)
    de capacidad, de boca ancha y con tapa
1 taza (250 ml) de tierra para macetas
cucharita de mango largo (como las que se usan
    para té helado)
planta pequeña que quepa dentro del frasco, como
    un helecho diminuto, violeta africana miniatura,
    judío errante o hiedra
½ taza (125 ml) de agua
toalla de papel

Procedimiento

1. Vacía la grava en el frasco y sacude éste con suavidad para que la grava se distribuya de manera uniforme.

2. Vacía la tierra en el frasco y sacude éste de nuevo para distribuirla bien.

3. Usa la cuchara para escarbar un hoyo en la tierra del mismo tamaño que las raíces de la planta.

4. Coloca la planta en el hoyo de la tierra. Con la cuchara, cubre las raíces de la planta con tierra y presiónala con firmeza alrededor de ésta. Ten cuidado de no dañar las raíces de la planta.

5. Riega la planta con el agua.

6. Usa la toalla de papel para limpiar el interior de la superficie del frasco por arriba de la tierra.

7. Sella el frasco con la tapa.

8. Coloca el frasco en un área iluminada, pero donde no le dé la luz solar directamente.

9. Observa periódicamente el contenido del frasco durante dos días. Si el interior del frasco está cubierto de agua a menudo, ábrelo, seca el agua con una toalla de papel y vuélvelo a cerrar.

10. Observa el contenido del frasco de manera periódica durante cuatro o más semanas.

Resultados   El interior del frasco se ve opaco en ocasiones y la planta crece.

¿Por qué?   Las plantas en macetas pueden vivir dentro de un recipiente cerrado durante un tiempo siempre y cuando tengan acceso a la luz. Esto se debe a que las plantas son **autótrofas** (organismos que pueden fabricar su propio alimento). Las plantas reciclan los materiales necesarios para su alimentación y la producción de energía. Durante la fotosíntesis en las plantas, el bióxido de carbono y el agua se transforman en glucosa, oxígeno y agua. Durante la respiración, glucosa, oxígeno y agua se convierten de nuevo en bióxido de carbono y agua más energía. No obstante, las plantas necesitan tener acceso a la luz, ya que la energía luminosa no puede reciclarse.

Soluciones a los ejercicios

1a. *¡Piensa!*

- Durante la respiración, las plantas y los animales consumen oxígeno y liberan bióxido de carbono.

- El diagrama B muestra un animal que consume oxígeno y libera bióxido de carbono.

- El diagrama D muestra una planta que consume oxígeno y libera bióxido de carbono.

Dos diagramas, B y D, representan la respiración.

b.   *¡Piensa!*

- Durante la fotosíntesis, las plantas consumen bióxido de carbono y liberan oxígeno.

- El diagrama C muestra una planta que consume bióxido de carbono y libera oxígeno.

Un diagrama, C, representa la fotosíntesis.

2.   *¡Piensa!*

- Durante el ciclo del bióxido de carbono-oxígeno, los animales toman el oxígeno que se libera de las plantas y las plantas captan el bióxido de carbono que liberan los animales.

- ¿Cuál de las flechas muestra que el árbol pierde oxígeno y que la niña lo recibe?

- ¿Cuál de las flechas muestra que la niña pierde bióxido de carbono y el árbol lo recibe?

Las flechas 2 y 4 representan de manera correcta el ciclo del bióxido de carbono-oxígeno.

24
Ahorro de energía
Calefacción directa por medio de energía solar

Lo que necesitas saber

La energía solar es energía radiante emitida por el Sol. Esta energía viaja a través del espacio hasta la Tierra en la forma de ondas electromagnéticas. En una hora, el Sol envía tanta o más energía de la que la gente usa para hacer funcionar fábricas, máquinas y vehículos y para calentar edificios durante un año. Pero sólo una pequeña parte de esta energía solar directa se puede colectar y usar, ya que está muy dispersa sobre toda la superficie de nuestro planeta. La mayor parte de la energía solar que llega a la superficie de la Tierra está en forma de luz visible.

Los dos métodos para el aprovechamiento directo de la energía solar con el fin de calentar edificios y hogares son la calefacción solar pasiva y la calefacción solar activa. La **calefacción solar pasiva** es una técnica de calentamiento con energía solar que no requiere potencia mecánica para hacer circular el calor. En lugar de esto, se emplea el diseño estructural para ayudar a absorber la energía solar y permitir que el calor circule por convección natural. Por ejemplo, durante el año, a medida que la Tierra efectúa su movimiento de **traslación** (gira sobre su órbita en torno a otro cuerpo) alrededor del Sol, debido a que el eje de nuestro planeta está inclinado en relación con este último, la trayectoria aparente del Sol en el cielo es más baja en el invierno y más alta en el verano. De manera que los edificios en el hemisferio norte con ventanas grandes dirigidas hacia el sur permiten que entre más luz solar en una habitación que las ventanas dirigidas en otras direcciones. Para evitar el sobrecalentamiento en verano, los aleros de los edificios bloquean parte de la luz solar veraniega (de ángulo elevado). De igual modo, permiten que entre más luz invernal (de ángulo bajo) y caliente las habitaciones. Otra técnica consiste en construir en el interior de la casa una pared con un material especial que absorbe energía y que se pinta de negro. Los materiales negros absorben más energía solar que otros colores. Esta pared absorbe la energía solar, se calienta, luego irradia este calor, y calienta la casa durante el día y hasta la noche.

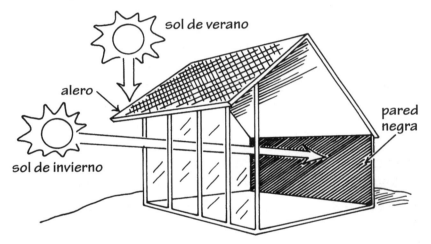

Otro ejemplo de un sistema de energía solar pasivo es el **horno solar,** que es un dispositivo que aprovecha la luz del Sol para cocinar los alimentos. El horno más simple puede ser una caja metálica cuyo interior se calienta debido a que la luz del Sol calienta el metal; también puede serlo un frasco cerrado que contiene un líquido que se calienta debido a que la luz del Sol llega al frasco. Algunos hornos solares usan espejos o lentes, o ambos, para concentrar la luz del sol en la comida.

La **calefacción solar activa** es un método de calefacción con energía solar que requiere potencia mecánica, como bombas y ventiladores, para hacer circular el calor desde los colectores solares. Un colector solar común consta de una placa plana negra de metal dentro de una caja con cubierta de vidrio. Sobre la placa metálica hay unos tubos llenos de líquido que están conectados a tuberías que llevan el líquido a través del edificio. La placa negra de metal absorbe el calor de la luz solar y calienta el líquido en los tubos. Una bomba mueve el líquido caliente a través de la tubería, la cual corre a través de un recipiente de agua llamado intercambiador de calor, donde el calor del líquido caliente en el tubo se transfiere al agua. El agua más fría del tubo se bombea entonces de regreso al colector, donde se recalienta. El agua caliente en el intercambiador es transferida a un tanque de almacenamiento para su uso posterior y el agua fría se bombea hacia el intercambiador para que se caliente. El agua caliente en el tanque de almacenamiento se bombea a través de tubos hacia diferentes partes de la casa, por ejemplo, grifos y calentadores. En un calentador, parte de la energía térmica del agua se pierde como radiación infrarroja, y otra parte se pierde como calor que pasa por conducción al aire que rodea al calentador. El aire caliente transfiere el calor por todo el cuarto por medio de convección.

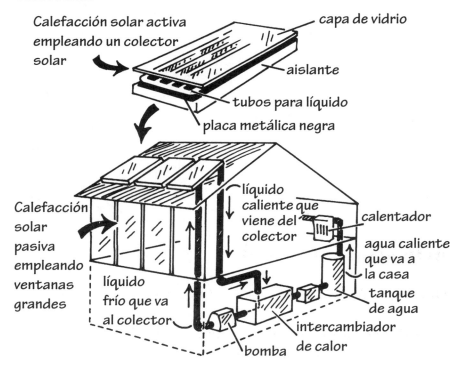

Ejercicios

1. Ordena las letras para formar palabras relacionadas con la energía solar.

rnhoo lrsoa

caencfialco lrsoa sipasav

coliafcneac orlsa viaact

2. En la figura, el recipiente con agua actúa como una lente para concentrar la luz solar en la comida. ¿Qué palabras del ejercicio 1 representa el dibujo?

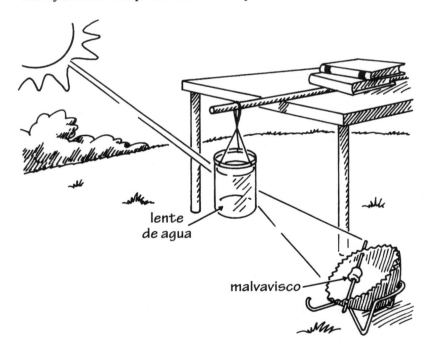

lente
de agua

malvavisco

Actividad: TÉ SOLAR

Objetivo Aprovechar la calefacción solar pasiva para cocinar.

Materiales frasco de plástico con capacidad para 1 litro (¼ de galón) con tapa

jabón para platos
agua
2 bolsitas de té
azúcar u otro endulzante (opcional)

Procedimiento

1. Lava el frasco con agua y jabón. Enjuágalo bien con agua.

2. Coloca las bolsitas de té en el frasco.

3. Llena con agua tres cuartas partes del frasco.

4. Tapa el frasco y colócalo en el exterior, en un área donde reciba la luz solar directa.

5. Observa el contenido del frasco cada 30 minutos durante dos horas.

6. Si lavaste bien el frasco y empleaste bolsitas de té y agua limpias, entonces, si lo deseas, puedes beber tu té. Añade azúcar u otro endulzante a tu gusto.

Resultado   Las bolsitas de té flotan en el agua. Después de 30 minutos, el agua alrededor de las bolsitas adquiere un tono café pálido, pero el agua del fondo no tiene color alguno. A medida que pasa el tiempo, se colorea una mayor proporción del agua abajo de las bolsitas de té, hasta que toda el agua tiene color. El tono del agua se vuelve más oscuro con el tiempo.

¿Por qué?   La energía solar incide en el frasco y lo calienta. El calor de las moléculas dentro del frasco se transfiere al agua por conducción. La energía solar también pasa a través del vidrio y calienta directamente el agua en su interior, y se transfiere calor de una molécula de agua a la otra por medio de conducción. Las sustancias químicas del té se disuelven en el agua caliente en la parte de arriba del frasco que está en contacto con ellas. La solución (mezcla de una sustancia en un líquido) concentrada de té en la parte superior del frasco se **dispersa** (se mueve para distribuirse de manera uniforme en todas partes) en el agua de abajo. Cualquier diferencia en la temperatura del agua dentro del frasco también creará corrientes de convección (los fluidos calientes se elevan y los fluidos más fríos se hunden) que mezclarán todavía más la solución de té.

Soluciones a los ejercicios

1. ¡Piensa!

rnhoo lrsoa   HORNO SOLAR
caencfialco lrsoa sipasav   CALEFACCIÓN SOLAR PASIVA
coliafcneac orlsa viaact   CALEFACCIÓN SOLAR ACTIVA

2. ¡Piensa!

- ¿Qué dispositivo se usa para concentrar la luz solar de manera que caliente materiales como la comida? Un horno solar.

- La comida se calienta con la luz solar directa que se transfiere a través de los alimentos por conducción, lo cual significa que una molécula choca con otra, transfiriéndole su energía. ¿Qué técnica requiere energía solar para calentar un material mediante el uso de la conducción para transferir calor? La calefacción solar pasiva.

La figura representa un horno solar, el cual utiliza energía solar pasiva para calentar materiales como el malvavisco.

25

¡Para comerte mejor!

Transferencias de energía en una comunidad

Lo que necesitas saber

La **ecología** estudia la manera en que los seres vivos se relacionan entre sí, así como con los objetos sin vida en su **ambiente** (todos los seres vivos y objetos inertes que rodean a un organismo y afectan su vida). Un **ecosistema** es la interacción de los seres vivos y los objetos inanimados (sin vida) en un área determinada. Un ecosistema se divide para su estudio en niveles de seres vivos. Estos niveles comienzan con organismos individuales. Al agrupamiento de organismos de una misma **especie** (grupo de organismos semejantes que pueden reproducirse entre sí, como las rosas o los perros) se le llama **población.** El conjunto de poblaciones dentro de un ecosistema se llama **comunidad.**

La energía llega a un ecosistema a través del proceso de la fotosíntesis que realizan las plantas. A través de este proceso, la energía se transforma de energía luminosa a la energía química de las moléculas de alimento en las plantas. Dado que las plantas pueden usar la energía del Sol y los nutrientes del suelo y el aire para fabricar su propio alimento, se les considera organismos **productores** del ecosistema. Los organismos del ecosistema que no pueden fabricar su propio alimento y que deben comer para nutrirse se llaman **heterótrofos.** A estos organismos se les llama **consumidores** (organismos que se alimentan de otros organismos).

Los productores constituyen el alimento de los **consumidores primarios,** que por lo general son **herbívoros** (animales que sólo comen plantas). Los consumidores primarios son devorados por los **consumidores secundarios;** por lo tanto, estos consumidores son **carnívoros** (animales que se alimentan de otros animales). Los consumidores secundarios son devorados por los **consumidores terciarios** y éstos, a su vez, por los **consumidores cuaternarios,** etcétera, y cada nivel de consumidor se numera en orden. El carnívoro final es denominado consumidor **último** o **superior.** El consumidor último, lo mismo que los que escapan de ser devorados, finalmente mueren y son consumidos por los desintegradores o **descomponedores** (organismos que hacen que se **descompongan** —se pudran o degraden— los organismos muertos). Los descomponedores comprenden algunas bacterias y hongos. Los restos de la materia descompuesta proporcionan nutrientes para las plantas y, de esta manera, se reciclan. Cada posición o escalón a lo largo de la ruta de alimentación se llama **nivel trófico:** los productores son la primer posición y los descomponedores son la última. La energía y los nutrientes fluyen a medida que el alimento pasa de un nivel trófico al siguiente. Los números del nivel trófico indican el orden en que fluye la energía.

En general, los consumidores devoran a otros consumidores de un nivel trófico inferior. Un **omnívoro** es un consumidor que come tanto plantas como animales, por lo que pertenece a más de un nivel trófico. Es un consumidor primario y puede ser un consumidor de un nivel más alto, de acuerdo con el nivel trófico del animal que se come.

A la ruta de transferencia de energía de un organismo a otro dentro de un ecosistema se le denomina **cadena alimentaria.** El diagrama de la cadena alimentaria en la página opuesta muestra la manera en que se relacionan entre sí los organismos por el orden en el que se alimentan unos de otros. Los eslabones de esta cadena alimentaria son la luz solar, las plantas de vinca pervinca, una mariposa, una rana, una serpiente, un halcón, y hongos y bacterias. La cadena alimentaria se inicia con la luz solar, que es la energía inicial en muchos ecosistemas. El Sol proporciona la energía necesaria para que la planta produzca alimentos por medio de la fotosíntesis. La mariposa se come partes de la planta, la rana devora a la mariposa, la serpiente se come a la rana y el halcón se alimenta de la serpiente. El halcón es el carnívoro superior. Los descomponedores se alimentan de las plantas y animales que mueren.

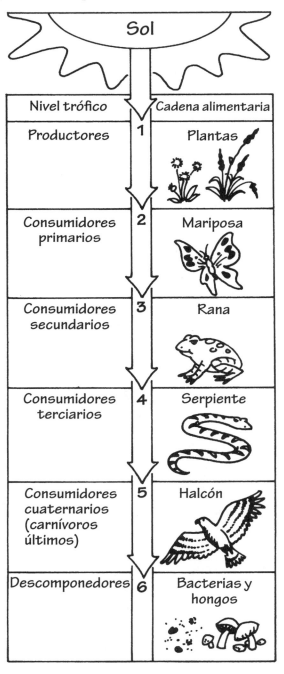

La cadena alimentaria representa una posible ruta de transferencia de energía en un ecosistema. No obstante, existen muchas rutas diferentes. En general, una especie —como la rana— no sólo come una cosa. La rana podría comerse un saltamontes en lugar de la mariposa, o el halcón podría devorar un ratón en vez de la serpiente. Las interconexiones de las cadenas alimentarias dentro de un ecosistema forman una **red alimentaria** o red trófica.

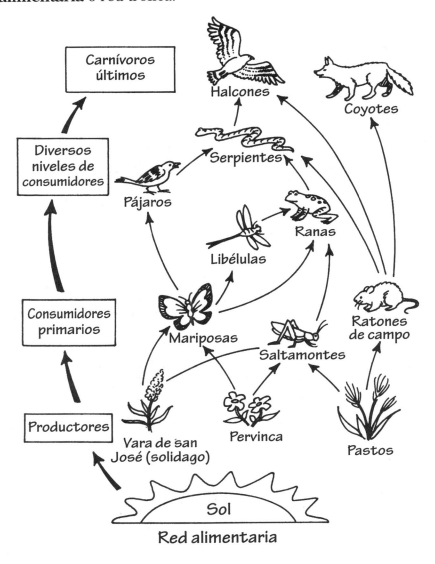

Red alimentaria

Ejercicios

La cantidad de energía disponible para el uso de cada eslabón de la cadena alimentaria es variable. Utiliza la gráfica de barras de la Cadena alimentaria para contestar lo siguiente:

1. ¿Qué clase de organismo, planta o animal, tiene la mayor cantidad de energía a su disposición?

2. ¿Qué organismo tiene mayor energía a su disposición, un herbívoro o un carnívoro?

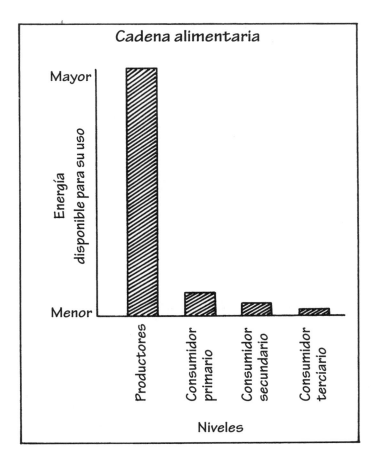

3. ¿Qué diagrama, A o B, representa una cadena alimentaria?

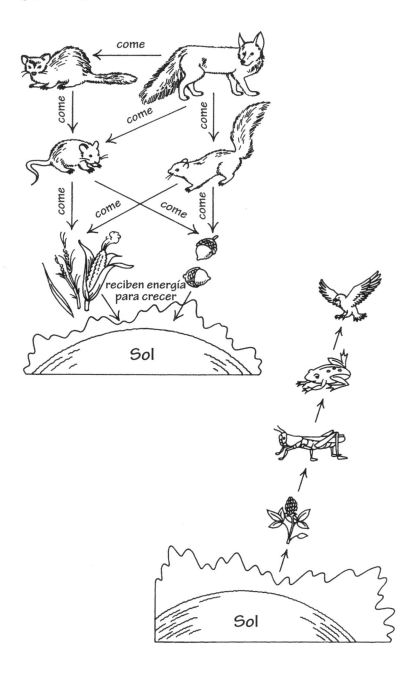

Actividad: DE ARRIBA A ABAJO

Objetivo   Hacer el modelo de una pirámide de energía en un ecosistema.

Materiales   hoja blanca tamaño carta
tijeras
pluma
regla
cinta adhesiva transparente

Procedimiento

1. Dobla el papel como se muestra, con el borde superior sobre una orilla lateral. Marca bien el doblez aplanándolo con los dedos. Corta la tira de papel sobrante de la parte inferior del papel y descártala.

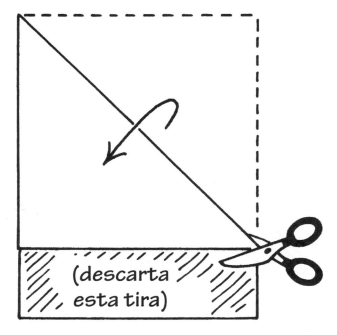

(descarta esta tira)

2. Desdobla el papel y vuelve a doblarlo en diagonal en sentido opuesto. Marca el doblez como antes.

3. Abre el papel. Utilizando pluma y regla, divide tres de los cuatro triángulos formados por las líneas del doblez en cuatro secciones, como muestra la figura.

4. En la sección A, escribe los niveles de una cadena alimentaria como se muestra: productor, consumidor primario, consumidor secundario, consumidor terciario. En las secciones B y C, escribe ejemplos de los diferentes niveles de una cadena alimentaria. Se muestran dos ejemplos de esta cadena. Quizá quieras añadir dibujos o imágenes recortadas de revistas.

5. Corta a lo largo de la línea del doblez que separa las secciones A y D hasta el centro del papel como se indica.

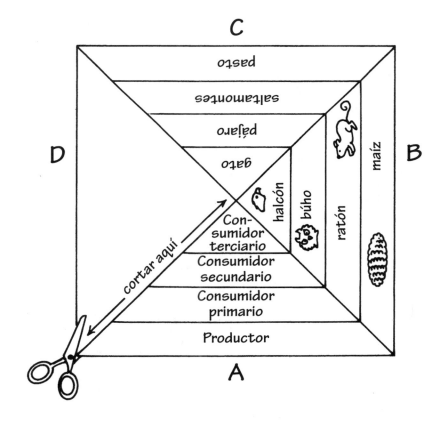

6. Superpón la sección A sobre la D y únelas con la cinta adhesiva. Sostén la estructura de papel sobre su base abierta y ya tienes tu pirámide.

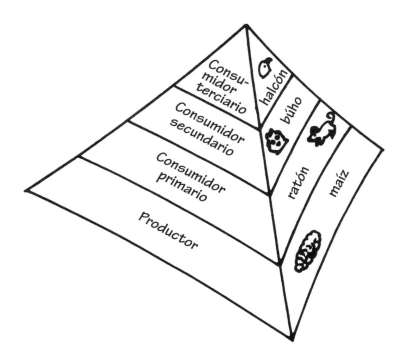

Resultados   Hiciste el modelo de una pirámide de energía en un ecosistema.

¿Por qué?   Las plantas producen alimento, que es energía potencial química. Sólo cerca de 10 por ciento de la energía alimentaria producida por las plantas está disponible para los consumidores primarios (herbívoros). Del 90 por ciento restante de la energía, cerca de la mitad se usa para funciones vitales y el resto se pierde como calor durante la respiración. De igual manera, sólo cerca de 10 por ciento de la energía alimentaria que constituye el cuerpo de un herbívoro está disponible para el siguiente nivel, el carnívoro, y cerca de 10 por ciento de la energía alimentaria del carnívoro pasa al omnívoro. El porcentaje exacto de un nivel al siguiente variará dependiendo de los organismos. El patrón general que muestra la cantidad de alimento que pasa de productores a herbívoros y a carnívoros u omnívoros o a ambos, constituye la **pirámide de energía,** donde el primer nivel son los productores. Cada nivel de una pirámide de energía, como se muestra en esta actividad, desde el productor hasta el consumidor superior (el consumidor último en una cadena alimentaria), posee menos energía disponible, representada por la reducción del tamaño de los niveles.

Soluciones a los ejercicios

1. ¡Piensa!

- ¿Qué nivel tiene la barra más alta de la gráfica? Los productores.

- ¿Qué tipo de organismo es un productor? Las plantas se llaman productores porque generan su propia energía.

Las plantas poseen la mayor cantidad de energía disponible para ellas.

2. ¡Piensa!

- ¿Cuáles son los niveles de un herbívoro y de un carnívoro en la cadena alimentaria? Un herbívoro sólo come plantas y es un consumidor primario; el carnívoro únicamente come carne y es un consumidor secundario o de orden superior.

- ¿Cuál posee la barra más alta de la gráfica, el consumidor primario, el consumidor secundario o un consumidor superior?

Los consumidores primarios poseen más energía disponible para su uso que los consumidores secundarios o los consumidores superiores.

3. ¡Piensa!

- Una cadena alimentaria constituye una sola ruta de la manera en que se transfiere la energía a través de un ecosistema cuando un organismo devora a otro. La red alimentaria constituye la interconexión de diferentes cadenas alimentarias dentro de un ecosistema.

- ¿Cuál diagrama muestra una vía única de la manera en que se vinculan los organismos por el orden en el que se alimentan unos de otros?

El diagrama B representa una cadena alimentaria.

Glosario

absorción. Cualidad de un material sólido de chupar, recoger o embeber un líquido o gas y retenerlo entre sus moléculas.

aire. Mezcla de gases que constituye la atmósfera de la Tierra.

aislante. Un material que no es buen conductor; material con baja concentración de electrones libres. Véase también **aislante eléctrico** y **aislante térmico.**

aislante eléctrico. Nombre de un aislante cuando se hace referencia a su capacidad de limitar la conducción de cargas eléctricas.

aislante térmico. Nombre de un aislante cuando se refiere a su incapacidad de conducir calor; material que restringe el movimiento de calor.

al cuadrado. En una ecuación, la multiplicación de un número por sí mismo.

aleación. Material hecho de la combinación de dos o más elementos, de los cuales por lo menos uno es un metal. Por ejemplo, el acero.

ambiente. Todos los seres vivos y objetos inertes que rodean a un organismo y afectan su vida.

ampere (A). Unidad para medir la corriente. Un ampere o amperio (1 A) equivale a 6.25×10^{18} cargas eléctricas por segundo.

amplitud.   En referencia a una onda, el movimiento máximo de las partículas de un medio a partir de su posición de reposo.

antinodos.   Crestas y valles de una onda estacionaria.

atmósfera.   Capa de gases que rodea a la Tierra.

átomo.   Partícula indivisible más pequeña que constituye la materia; la parte más pequeña de un elemento que posee todas las propiedades de éste.

atracción.   Fuerza entre dos cuerpos que los lleva a aproximarse.

autótrofos.   Organismos que pueden fabricar su propia comida.

batería.   Dispositivo que transforma la energía química en energía potencial eléctrica; técnicamente está constituida por dos o más pilas eléctricas, pero éste también es el nombre común para las pilas eléctricas individuales, como las baterías de las linternas de mano.

bronceado.   Proceso por el cual la piel adquiere un tono más oscuro.

cadena alimentaria.   Ruta de transferencia de energía de un organismo a otro en un ecosistema.

calefacción solar activa.   Técnica de calefacción con energía solar que requiere potencia mecánica, como la de las bombas y ventiladores, para hacer circular el calor de los colectores solares.

calefacción solar pasiva.   Método de calentamiento con energía solar que no requiere potencia mecánica para hacer circular el calor; en lugar de ello, sólo la conducción natural lo hace circular.

calor.   Energía que fluye de un material caliente a otro frío debido a diferencias en temperatura; energía transferida por conducción, convección o radiación.

calor radiante. Calor transferido por radiación; radiación infrarroja.

campo de fuerza. Región que ejerce una fuerza de atracción o repulsión sobre un objeto.

campo de fuerza gravitacional. Región a través de la cual la Tierra ejerce una fuerza de atracción sobre los cuerpos en este campo.

campo eléctrico. Región donde actúa una fuerza de atracción o repulsión sobre una carga eléctrica.

campo magnético. Región alrededor del imán donde su fuerza magnética atrae otros materiales magnéticos.

carga. Propiedad de las partículas atómicas que genera una fuerza entre ellas; también se denomina **carga eléctrica.**

carga eléctrica. Véase **carga.**

carga por conducción. Método de proporcionar carga eléctrica a un objeto neutro al tocarlo con un objeto cargado.

carga por fricción. Proceso de proporcionar carga a dos materiales de carga neutra frotándolos uno contra otro.

cargas estáticas. Acumulación de cargas eléctricas estacionarias en un objeto.

carnívoros. Organismos que comen carne.

ciclo del agua. Intercambio continuo de agua entre el océano, la tierra, las plantas y la atmósfera.

ciclo del bióxido de carbono-oxígeno. Intercambio de oxígeno y bióxido de carbono entre plantas y animales como resultado de las reacciones de fotosíntesis y respiración.

circuito eléctrico. Trayectoria que recorren las cargas eléctricas al moverse.

clorofila. Pigmento verde de los vegetales; moléculas especializadas que se encuentran en las plantas y absorben la energía luminosa necesaria para la fotosíntesis.

combustible.   Término que se limita en general a las sustancias que se pueden quemar.

combustibles fósiles.   Materiales ricos en energía formados de organismos prehistóricos enterrados hace mucho tiempo que pueden quemarse, como carbón, petróleo y gas natural.

compresión.   Zona en las ondas longitudinales donde las partículas del medio están más compactas, más cercanas entre sí.

compuesto.   Sustancia constituida por dos o más átomos diferentes unidos entre sí por medio de enlaces. Véase también **compuesto iónico** y **compuesto molecular.**

compuesto iónico.   Compuesto formado por iones.

compuesto molecular.   Compuesto formado por moléculas.

comunidad.   Todas las poblaciones dentro de un ecosistema.

concentración.   Medida de la cantidad de sustancia en un área.

condensación.   Proceso mediante el cual un gas se transforma en un líquido como resultado de su enfriamiento.

conducción.   Proceso de transferir calor o energía eléctrica de una partícula a otra por el choque entre ellas. Véase también **conducción eléctrica** y **conducción térmica.**

conducción eléctrica.   Proceso de transferir energía a través de un conductor debido al flujo de electrones libres en el material.

conducción térmica.   Proceso por medio del cual se transfiere calor a través de un conductor por el choque de partículas; este proceso se debe principalmente al movimiento de electrones libres en el conductor.

conductor eléctrico.   Material a través del cual se mueven con facilidad las cargas eléctricas; material que conduce con facilidad la corriente eléctrica.

conductor térmico.   Material a través del cual se transmite calor con facilidad.

conductores.   Sustancias que transfieren calor o electricidad con facilidad; materiales con alta concentración de electrones libres. Véase también **conductor eléctrico** y **conductor térmico.**

conservarse.   Permanecer sin cambios.

constelación.   Grupo de estrellas que parece formar un diseño.

consumidor superior.   Consumidor último en una cadena alimentaria; el nivel superior en una pirámide de energía.

consumidor último.   Véase **consumidor superior.**

consumidores.   Organismos que se alimentan de otros organismos; heterótrofos.

consumidores cuaternarios.   Organismos en el quinto nivel trófico; carnívoros que consumen cualquier animal de los niveles tróficos inferiores.

consumidores primarios.   Animales que sólo consumen plantas; herbívoros u omnívoros; animales en el segundo nivel trófico.

consumidores secundarios.   Animales que se alimentan de consumidores primarios; carnívoros; animales del tercer nivel trófico.

consumidores terciarios.   Organismos en el cuarto nivel trófico; carnívoros que se alimentan de consumidores secundarios o primarios.

convección.   Proceso por el cual se transfiere calor a través del movimiento de fluidos calientes.

corriente.   Medida de la cantidad de carga eléctrica por segundo que pasa a través de un conductor, se calcula en amperes.

corriente de convección.   Movimiento ascendente y descendente de los fluidos debido a diferencias en su densidad y como resultado de las diferencias de temperatura.

cresta.   Parte más alta de una onda transversal.

decibel (dB).   La unidad de medición de la intensidad del sonido.

densidad.   Número de partículas en un área; medida de la masa por volumen en una sustancia; medida del grado de dispersión o compactación de las partículas en una sustancia.

descarga estática.   La pérdida de electricidad estática.

descomponedores.   Organismos que provocan la descomposición de los organismos muertos.

descomposición.   Pudrición o degradación de las sustancias químicas que forman un organismo.

desintegración radiactiva.   Reacción nuclear en la cual el núcleo de un reactivo inestable emite espontáneamente rayos nucleares, formando un nuevo elemento.

desmagnetizado.   Que carece de campo magnético; tiene lugar cuando la mayoría de los dominios en un material magnético señalan en diferentes direcciones.

desplazamiento.   Cambio en la posición de un cuerpo.

diferencia de potencial.   Diferencia en los volts entre ambas terminales; medida de la cantidad de impulso en las cargas eléctricas; se denomina **voltaje.**

difuso.   Que se extiende en todas direcciones.

disperso.   Que se extiende de manera uniforme por todas partes.

dominio magnético.   Grupo de átomos con electrones que no forman pares y que posee un campo magnético único alrededor; grupo de átomos que actúa como imán microscópico con un material magnético.

ecología. Estudio de la manera en que los organismos vivos se relacionan entre sí, así como con los objetos sin vida en su ambiente.

ecosistema. Interacción entre los seres vivos y los objetos inanimados en un área determinada.

ecuación de Einstein. $E = \Delta mc^2$

electricidad. Forma de energía debida a cargas estáticas o en movimiento. *Véase* también **electricidad corriente** y **electricidad estática**.

electricidad corriente. Electricidad debida al flujo de cargas eléctricas; energía eléctrica debida al flujo de electrones libres; también se llama **corriente**.

electricidad estática. Tipo de electricidad debido a la presencia de cargas estáticas.

electrodo. Con referencia a una pila eléctrica, un conductor en la pila que capta o cede electrones.

electrolito. Mezcla de sustancias que produce una reacción química en la cual se liberan cargas eléctricas.

electrón. Partícula con carga negativa que se encuentra en el exterior del núcleo de un átomo.

electrones libres. Electrones en algunos sólidos, en particular metales, que no están fuertemente unidos a un átomo y tienen relativa libertad para moverse a través del sólido.

electrostática. Estudio de la causa, naturaleza, comportamiento y usos de la electricidad estática.

elemento. Sustancia química básica que está compuesta de una misma clase de átomos.

elemento radiactivo. Elemento cuyos núcleos experimentan desintegración radiactiva.

energía. Capacidad para producir trabajo. La capacidad de hacer que las cosas cambien.

energía cinética (EC).   Energía que posee un objeto en movimiento debido a su movimiento.

energía cinética mecánica.   Forma de energía mecánica en la cual la energía de un objeto se debe al movimiento de éste.

energía eléctrica.   Energía asociada con la electricidad. *Véase* **energía potencial eléctrica.**

energía hidroeléctrica.   Energía eléctrica producida por caídas de agua y un generador.

energía mecánica.   Energía de movimiento; la energía de un objeto en movimiento o que posee el potencial para moverse sin importar si la energía está en acción o almacenada.

energía nuclear.   La energía liberada durante una reacción nuclear.

energía potencial.   La energía almacenada que posee un objeto debido a su posición o condición.

energía potencial elástica.   Energía que poseen los materiales cuando están estirados o torcidos.

energía potencial eléctrica.   Energía debida a las fuerzas de atracción o repulsión entre las cargas eléctricas.

energía potencial gravitacional.   Energía potencial que depende de la posición de un objeto dentro del campo gravitacional de la Tierra.

energía potencial magnética (EP_{ma}).   Energía de un objeto que posee la capacidad de efectuar trabajo debido a su posición en un campo magnético.

energía potencial mecánica.   Forma de energía mecánica en la cual la energía de un objeto se debe a su posición o condición.

energía potencial nuclear.   Energía almacenada en el núcleo de un átomo.

energía potencial química.   Energía química que se libera cuando se rompe un enlace entre los átomos durante una reacción química.

energía química.   Una forma de energía potencial; la energía en los enlaces que mantienen unidos a los átomos; también se le llama energía potencial química.

energía radiante.   Energía que viaja en forma de ondas electromagnéticas; radiación.

energía solar.   Radiación del sol.

energía sonora.   Energía mecánica que se transfiere como una onda por medio de partículas vibratorias. También llamada energía acústica.

energía térmica.   Suma de la energía de todas las partículas que constituyen un objeto; energía interna de un objeto.

enlace.   Fuerza de atracción que mantiene unidos a los átomos.

escala Celsius.   Escala termométrica que recibe su nombre del científico sueco Anders Celsius (1701-1744). La unidad de temperatura de la escala Celsius es el grado Celsius, $^{\circ}$C.

escala Fahrenheit.   Escala termométrica que recibe su nombre del científico alemán Daniel Gabriel Fahrenheit (1686-1736). La unidad de temperatura de la escala Fahrenheit es el grado Fahrenheit, $^{\circ}$F.

espacio.   La región más allá de la atmósfera terrestre; región relativamente carente de medio.

especie.   Grupo de organismos semejantes capaces de reproducirse entre sí, como las rosas o los perros.

espectro electromagnético.   Los diferentes tipos de radiación organizados según su nivel de energía, incluyendo la radiación ultravioleta y la luz visible.

espectro visible.   Los diferentes tipos de luz visible ordenados de acuerdo con su longitud de onda. De mayor a menor longitud de onda, son rojo, naranja, amarillo, verde, azul, índigo y violeta.

espectroscopio.   Instrumento que se emplea para separar la luz en colores.

espontáneo.   Que sucede por impulso propio.

estable.   Con poca probabilidad de cambiar.

estado basal.   Nivel normal de energía de un electrón específico en un átomo.

estado excitado.   Nivel de energía de un electrón en un átomo que es mayor que su nivel normal, el cual es su estado basal.

esterilización.   Proceso que mata a las bacterias.

evaporación.   Proceso a través del cual un líquido se transforma en gas como resultado del calentamiento.

filamento.   Alambre de diámetro pequeño que se encuentra en las lámparas incandescentes; por lo general está hecho del metal tungsteno.

fisión nuclear.   Reacción nuclear en la cual un neutrón bombardea un núcleo atómico grande, lo cual hace que éste expulse tres neutrones y se divida en dos partes casi iguales.

fluido.   Material líquido o gaseoso que se mueve libremente.

fotón.   Paquete de energía que posee a la vez propiedades de onda y de partícula.

fotosíntesis.   Reacción química de las plantas verdes en presencia de luz en la cual el bióxido de carbono y el agua se transforman en glucosa (azúcar) y oxígeno; reacción endotérmica; un proceso anabólico.

frecuencia.   El número de ondas por unidad de tiempo.

fricción.   Fuerza que resiste el movimiento de dos superficies que están en contacto; método para producir electricidad estática.

fuerza (f). Fuerza de atracción o de repulsión que actúa sobre un objeto.

fuerza magnética. Fuerza de atracción o repulsión entre dos imanes, o la fuerza de atracción entre un imán y un material magnético; fuerza producida por el movimiento de cargas eléctricas.

fusión nuclear. Reacción nuclear en la cual núcleos atómicos pequeños se combinan para formar un núcleo grande.

generador. Máquina que convierte la energía natural, como el agua corriente o el viento, en electricidad.

geólogos. Científicos que estudian la Tierra.

glucosa. Tipo de azúcar producido durante la fotosíntesis.

gramo (g). Unidad básica del sistema métrico para medir la masa.

gravedad. Fuerza de atracción que existe entre los objetos debido a su masa.

herbívoros. Animales que se alimentan de plantas.

hertz (Hz). Unidad de frecuencia en el Sistema Internacional de Unidades.

heterótrofos. Organismos que no pueden producir su propio alimento.

horno solar. Dispositivo que usa luz solar para cocinar la comida.

humedad. Cantidad de vapor de agua en el aire.

imán. Objeto hecho de material magnético que produce un campo magnético.

inducción electrostática. Proceso de polarizar un material neutro por medio de la separación de sus cargas positiva y negativa debido a la proximidad de un objeto cargado.

inercia. La tendencia de un cuerpo en movimiento a permanecer en movimiento a menos que sobre él actúe una fuerza externa; también es la tendencia de un objeto en reposo a no modificar su condición a menos que sobre él actúe una fuerza externa.

inestable. Con probabilidad de cambiar.

intensidad. Energía de la onda sonora por segundo.

ión. Átomo o grupo de átomos con carga eléctrica.

joule (J). La unidad de trabajo en newtons por metro en el Sistema Internacional de Unidades.

lámpara incandescente. Lámpara cuya bombilla produce luz por medio del calentamiento a alta temperatura de un filamento.

ley de conservación de la energía. Ley que establece que en circunstancias ordinarias la energía no se crea ni se destruye, sólo se transforma de un tipo de energía a otro.

ley de conservación de la energía mecánica. Ley que establece que la suma de la energía potencial mecánica y la energía cinética mecánica de un objeto no cambia siempre y cuando ninguna fuerza externa, como la fricción, actúe sobre éste.

ley de conservación de la masa. Ley que establece que en las reacciones químicas ordinarias la materia no se crea ni se destruye, sólo cambia de forma. La cantidad total de materia en una reacción química permanece constante.

ley de conservación de la masa y la energía. Ley que establece que la cantidad combinada de masa y energía en el universo no cambia.

ley de las cargas eléctricas. Ley que establece que las cargas iguales se repelen y las cargas opuestas se atraen.

ley de los polos magnéticos. Ley que establece que los polos iguales de un imán se repelen y los opuestos se atraen.

libra.   Unidad de fuerza en el sistema inglés.

libra-pie (ft-lb).   Unidad de trabajo en el sistema de unidades inglés.

líneas de fuerza.   En referencia al diagrama que representa un campo eléctrico, las líneas que se dibujan para visualizar la presencia del campo eléctrico en torno a la carga.

longitud de onda.   La distancia que puede medirse desde cualquier punto de una onda hasta el punto equivalente de la onda consecutiva; describe cuán larga es la onda.

luz blanca.   Mezcla de todas las ondas posibles de luz visible.

luz visible.   Radiación que puede percibir el ojo humano; la pequeña parte visible del espectro electromagnético.

magnetismo.   Término que describe todos los efectos de un campo magnético, entre ellos la energía potencial magnética.

magnetizar.   Hacer que un material tenga un campo magnético; ocurre cuando la mayoría de los dominios en el material magnético se alinean en la misma dirección.

máquina.   Aparato que es capaz de realizar trabajo.

masa.   Cantidad de sustancia en un objeto; medida en gramos.

materia.   Aquello de lo que está hecho el universo; cualquier cosa que ocupe espacio y posea masa.

material magnético.   Material que es atraído por un imán, así como el material del cual están hechos los imanes.

material no magnético.   Material en el cual los electrones de los átomos forman pares.

medio.   Sustancia a través de la cual pueden viajar las ondas mecánicas.

metro (m).   Unidad del Sistema Internacional de Unidades para medir la distancia.

microondas.   Energía radiante de baja energía que se usa para cocinar y en comunicaciones.

molécula.   La partícula más pequeña de un compuesto molecular que conserva las propiedades de la sustancia misma.

molino de viento.   Máquina que convierte el viento en energía útil.

neutro.   En referencia a los átomos, que tiene un número equivalente de cargas positivas y negativas.

neutrón.   Partícula sin carga en el núcleo del átomo.

newton (N).   Unidad de fuerza en el Sistema Internacional de Unidades.

nivel trófico.   Cada posición de una cadena alimentaria.

niveles de energía.   Modelo que se emplea para comparar la energía de los electrones en un átomo. Son las regiones en torno y a diferentes distancias del núcleo de un átomo.

no poroso.   Sin hoyos.

nodos.   Puntos en una onda que no se desplazan de la posición de reposo.

núcleo.   El centro de un átomo.

nucleones.   Partículas nucleares, como protones y neutrones.

ola.   Onda formada por el viento en la superficie del agua.

omnívoros   Animales que se alimentan de animales y plantas.

onda.   Perturbación que se desplaza y transfiere energía, pero no materia, de un lugar a otro; también llamadas **ondas periódicas.**

onda de radio.   Energía radiante de baja energía que se usa para llevar las señales de radio y televisión.

onda estacionaria.   Onda que parece no moverse; onda que se forma cuando coinciden dos conjuntos de ondas con la misma frecuencia y longitud de onda que se mueven en direcciones opuestas.

onda longitudinal. Onda en la que el desplazamiento es paralelo al movimiento de ésta.

onda periódica. Ondas que se suceden una a la otra a intervalos regulares. *Véase* **onda.**

onda sonora. Ondas longitudinales producidas por energía sonora.

onda transversal. Onda en la cual el desplazamiento del medio es perpendicular al movimiento de ésta.

ondas electromagnéticas. Ondas que no requieren un medio para difundirse y pueden viajar a través del espacio, como luz, microondas y rayos X.

ondas mecánicas. Ondas que requieren un medio para viajar, como las olas o las ondas sonoras.

opaco. Que bloquea el paso de la radiación, que no es posible ver a través de él.

péndulo. Un peso suspendido que posee libertad para oscilar de un lado a otro.

peso. Medida de la fuerza de gravedad sobre un objeto.

pie (ft). Unidad para medir la distancia en el sistema de unidades inglés.

pigmento. Sustancia natural que imparte color a un material.

pila eléctrica. Dispositivo que convierte la energía química en eléctrica.

pila húmeda. Pila eléctrica con el electrolito líquido, como las pilas de una batería de automóvil.

pila seca. Pila eléctrica con pasta química como electrolito, como en el caso de una lámpara de mano.

pirámide de energía. Patrón general que muestra la cantidad de alimento que pasa de productores a herbívoros, de éstos a carnívoros o a omnívoros, o a ambos.

población. Agrupamiento de organismos de la misma especie.

polarizado. Condición en la cual las cargas positivas y negativas en una molécula se separan de manera que ésta tiene un extremo positivo y otro negativo.

polo magnético. Región de un imán donde las fuerzas magnéticas son más fuertes; los nombres de los polos son polo norte y polo sur.

poroso. Que tiene orificios.

precipitación. La caída de agua desde la atmósfera en forma de lluvia, granizo, nieve o aguanieve.

producto. Sustancia nueva que se genera en una reacción química.

productores. Organismos que pueden sintetizar su propio alimento; autótrofos; plantas; las plantas en el primer nivel trófico.

protón. Partícula con carga positiva que se encuentra en el núcleo de un átomo.

quemar. Reacción química que implica la combinación rápida de una sustancia con oxígeno. En general se producen calor y energía luminosa.

radiación. Energía que viaja en forma de ondas electromagnéticas; método por medio del cual se transfiere el calor en la forma de ondas electromagnéticas; emisión de radiación infrarroja.

radiación infrarroja. Radiación invisible que se percibe como calor, y con una longitud de onda mayor que la luz roja; ondas de calor.

radiación térmica. Radiación emitida por los objetos debido a su temperatura; radiación ultravioleta, luz visible, radiación infrarroja.

radiación ultravioleta (UV). Radiación invisible que puede quemar la piel; su longitud de onda es menor que la de la luz violeta.

rampa. Plano inclinado que une dos superficies y que sirve para subir o bajar cargas disminuyendo los esfuerzos.

rarefacción. Zona en las ondas longitudinales donde las partículas están más dispersas en el medio.

rayos gamma. Radiación invisible que se produce en las reacciones nucleares.

rayos nucleares. Radiación de alta energía emitida durante una reacción nuclear.

rayos X. Radiación invisible producida en las reacciones nucleares.

reacción endotérmica. Reacción química en la cual la energía química de los productos es mayor que la de los reactivos; reacción química en la cual el calor es un reactivo.

reacción exotérmica. Reacción química en la cual la energía química de los enlaces en los productos es menor que la energía química de los reactivos; reacción química en la cual el calor es un producto.

reacción nuclear. Reacción que implica cambios en el núcleo de los átomos; el núcleo de un reactivo cambia y forma un nuevo elemento.

reacción química. Proceso por el que los átomos de las sustancias se reacomodan para formar una o más sustancias químicas nuevas.

reactivo. La sustancia inicial en una reacción química.

reactor nuclear. Dispositivo para convertir la energía nuclear en formas útiles de energía.

reciclar.   Volver a usar.

recurso energético no renovable.   Recurso natural que sólo puede usarse una vez, lo cual significa que no se recicla, como los combustibles fósiles.

recurso energético renovable.   Recurso natural que puede reciclarse, como el agua y el aire, o reemplazarse, como las plantas y los animales.

recursos energéticos naturales.   Materiales disponibles en la naturaleza para producir energía.

recursos.   Todos los materiales y propiedades naturales de la Tierra que ayudan a sostener la vida y a satisfacer las necesidades de la gente.

red alimentaria.   Interconexiones de las cadenas alimentarias dentro de un ecosistema. También llamada *red trófica*.

reflejar.   Rebotar sobre una superficie; hacer retroceder o cambiar de dirección.

relámpago.   Descarga estática visible que se produce entre dos nubes cargadas de electricidad o entre una nube y la Tierra.

repeler.   Acción de rechazar.

reproducción.   Proceso por medio del cual un organismo produce descendencia de la misma especie.

repulsión.   Acción de rechazar.

resistencia (R).   La oposición al flujo de la corriente eléctrica; se mide en ohms.

respiración.   Proceso por el cual plantas y animales transforman la comida en energía y liberan bióxido de carbono hacia la atmósfera.

roca reservorio.   Roca porosa en la cual se acumulan petróleo y gas natural.

sedimento.   Partículas de roca transportadas y depositadas por agua, aire o glaciares.

solución.   Mezcla homogénea en la cual una sustancia (soluto) está disuelta en un líquido (solvente).

sonido.   Interpretación de la energía sonora en el cerebro.

temperatura.   Cuán caliente o frío está un objeto; medida de la energía cinética promedio de las partículas en movimiento en un material.

terminal negativa.   Terminal con carga negativa.

terminal positiva.   Terminal con carga positiva.

terminales.   Los puntos en los cuales se hacen las conexiones en un dispositivo eléctrico.

termómetro.   Instrumento que mide la temperatura.

tipos espectrales.   Clasificación de las estrellas de acuerdo con su color y temperatura.

tono.   Propiedad que indica qué tan agudo o grave es un sonido.

tóxico.   Venenoso

trabajo (w).   Movimiento de un objeto provocado por una fuerza; el producto de la fuerza multiplicada por la distancia a lo largo de la cual se aplica. El proceso de transferencia de energía.

transformado.   Que cambió de una forma a otra.

translúcido.   Propiedad de un material que permite que la radiación la atraviese, pero ésta se dispersa en todas direcciones.

transmutación.   Cambio de un átomo en otro como resultado de cambios en el núcleo.

transparente.   Propiedad de un material que permite que la radiación pase a través de él sin cambiar su dirección; tan claro que es posible ver a través de él.

traslación.   Movimiento alrededor de otro objeto siguiendo una trayectoria curva, como el movimiento de la Tierra en torno al Sol.

trueno.   Sonido fuerte producido por la expansión del aire que calentó un relámpago.

universo.   La Tierra y todos los cuerpos naturales del espacio que se consideran como un todo.

valle.   Parte más baja de una onda transversal.

velocidad.   Rapidez de un objeto en una dirección en particular.

velocidad de la luz.   La velocidad a la cual viaja la energía radiante; 300 mil kilómetros (186,000 millas) por segundo en el vacío.

vibración.   Cualquier movimiento de vaivén que sigue repetidamente el mismo curso, como de lado a lado o de atrás hacia delante.

vida media.   Tiempo que tarda la mitad de la masa de un elemento radiactivo en experimentar desintegración radiactiva.

viento.   Aire en movimiento.

volt (V).   Unidad empleada para medir la energía potencial por carga en una batería.

voltaje.   *Véase* **diferencia de potencial.**

volumen.   Cantidad de espacio que ocupa un objeto.

Índice

LA EDICIÓN, COMPOSICIÓN, DISEÑO E IMPRESIÓN DE ESTA OBRA FUERON REALIZADOS
BAJO LA SUPERVISIÓN DE GRUPO NORIEGA EDITORES
BALDERAS 95, COL. CENTRO. MÉXICO, D.F. C.P. 06040
125191500**15NOVIEMBRE2010**873DP9212I